HANS J. MAYLAND
DIETER BORK

SALMLER

KOSMOS

▶ Thema **Salmler** 4

Salmler – erfolgreich und beliebt 6
Bunte Vielfalt 6
Ein Leben im Schwarm 7
Der natürliche Lebensraum 8
Lebensraum Wasser 8
Wassertypen 8
Porträt Afrikanische Salmler 10
Porträt Amerikanische Salmler 15

▶ Thema **Das Aquarium** 60

Grundausstattung 62
Das Becken 62
Aquarieneinrichtung 63
Technische Ausstattung 66
Filterung 66
Beleuchtung 68
Heizung 70
Pflanzen 72
Lebendiges Grün 72
CO$_2$-Düngung 73
Pflanzenarten 75
Aquarium in Betrieb nehmen 77
Aquarium einrichten 77
Aquarium einfahren 80
Fische für das Aquarium 81
Fische kaufen 81
Fische einsetzen 83
Geeignete Gesellschaftsfische 84

▶ Thema **Wasser** 86

Wichtige Wasserwerte 88
Sauerstoff 88
Wasserhärte 89
pH-Wert 90
Stickstoffverbindungen 91
Wasserwerte messen 92
Vertrauen ist gut,
Kontrolle unerlässlich 92
Wasserwerte korrigieren 94
Wasseraufbereitung 94
Solutionfinder Wasserwerte 97

▶ Thema **Fütterung** 98

Gesunde Ernährung 100
Ernährung im
natürlichen Lebensraum 100
Ernährung im Aquarium 101

▶ Thema **Gesundheit** 104

Gesunde Salmler 106
Gesundheitsvorsorge 106
Teilwasserwechsel 106
Quarantäne 108
Erkrankungen vermeiden 109
Diagnose und Behandlung 110
Solutionfinder Häufige Krankheiten 111

▶ Thema **Salmler züchten** 112

Fortpflanzung 114
Fortpflanzung im Lebensraum 115
Salmler züchten 115
Gezielte Zuchtversuche 115
Entwicklung der Brut 117

▶ Service 119

▶ Zum Weiterlesen 119

▶ Adressen 119

▶ Internet 119

▶ Register 120

▶ **Salmler – erfolgreich und beliebt**
  6

▶ **Ein Leben im Schwarm**
  7

▶ **Der natürliche Lebensraum**
  8–10

▶ **Porträts**
  10–59

▶ **Afrikanische Salmler**
  10–13

▶ **Amerikanische Salmler**
  14–59

Kaum einer, der sie nicht kennt: Neonsalmler Paracheirodon innesi.

Bunte Vielfalt

Salmler (lateinisch *Characiformes*) oder Karpfenlachse sind eine der beliebtesten Fischgruppen überhaupt. Sie zeichnen sich durch eine ungeheure Formenvielfalt aus. So finden sich unter den Salmlern wenige Zentimeter große Winzlinge bis hin zu über einen Meter große „Riesen". Friedliche Schwarmfische und Pflanzenfresser gehören ebenso dazu wie pfeilschnelle Räuber. Wenigstens zwei

Arten sind fast jedem vertraut: die „Neons" aus unzähligen Schmuckaquarien und die Piranhas, die in vielen Filmen zu Unrecht als blutrünstige Killer auftreten müssen.
Salmler leben in den Flüssen Afrikas sowie Mittel- und Südamerikas. Vor allem die amerikanischen Schwarmsalmler sind beliebte Aquarienfische geworden. Die meisten von ihnen zählen zu den recht bekannten Familien der Prachtsalmler (*Crenuchidae*), Bodensalmler (*Characidiidae*), Schlanksalmler (*Lebiasidae*), Beilbauchsalmler (*Gasteropele-*

Auch er gehört zur großen Gruppe der Salmler: der afrikanische Tigersalmler.

cidae) und der Echten Salmler (*Caracidae*). Unter den afrikanischen Salmlern sind es nur wenige Arten der Familie *Alestidae*, hierzu gehören z.B. die „Afrikanischen Tetras" und der Kongosalmler.

Ein Leben im Schwarm

Wie der Name Schwarmsalmler schon sagt, leben die meisten der klein bleibenden Salmler im Schwarm. Viele gleich große und einander gleichende Fische schwimmen nah beieinander und synchron aufeinander abgestimmt umher. Ein einzeln umherziehender kleiner Fisch könnte sich nur von Versteck zu Versteck bewegen. Andernfalls würde er ziemlich bald einem größeren Räuber zum Opfer fallen. Im Schwarm aber findet der einzelne kleine Fisch Schutz in der Menge. Dem Räuber fehlt die Möglichkeit, ein einzelnes Opfer zu fixieren und zu schnappen.

Um sich gegenseitig zu erkennen, hat die Natur die kleinen Salmler mit optischen Signalen ausgestattet. Schwarze Markierungen und die Farben spielen dabei eine Rolle. Farbspiele sollen den Angreifer verwirren: Je nach Lichteinfall leuchten derartige Flecke, Striche oder Farbzonen unterschiedlich auf. Salmler, die in tieferen Wasserschichten vorkommen, sind dazu oft auch noch mit Leuchtorganen ausgestattet.

Konsequenz für die Aquaristik
Schwarmfische wie die Salmler sollten auch im heimischen Becken nur in einer Gruppe von mindestens einem Dutzend Tieren gehalten werden. Wenn auch das Schwarmverhalten im Aquarium nicht mehr ganz so ausgeprägt ist wie in der Natur – es fehlt die Bedrohung durch natürliche Feinde –, so schwimmen die Salmler doch fast ständig in der Gruppe zusammen und fühlen sich auch nur in dieser wohl.

Lebensraum Wasser

Die meisten Salmler bewohnen in Afrika wie auch in Mittel- und Südamerika unterschiedlichste Biotope, deren Wasser meist ziemlich weich ist. Da Salmler recht anpassungsfähig sind, reagieren die meisten – je nach Herkunft – nicht so empfindlich wie einzelne Arten aus extremen Weichwassergebieten, in denen beispielsweise der Rote Neon (*Paracheirodon axelrodi*) lebt.

Die Qualität des Wassers hängt von seiner Herkunft ab. Vergleicht man das Wasser der Nebenflüsse des mittleren und oberen Río Negro wie des oberen Río Orinoco mit dem des oberen Amazonas oder Río Ucayali, so muss man feststellen, dass diese letztgenannten Biotope vom Wasser der kalkhaltigen Andenabhänge bestimmt werden. Das Wasser im Amazonas und Río Ucayali ist entsprechend weniger weich und sauer als das des Río Negro und Río Orinoco, welches über lange Strecken durch den Regenwald fließt und bei dem vor allem Huminsäuren für weiche und saure Qualität sorgen.

Ein Klarwasserbach in Venezuela mit einem großen Bestand von Heteranthera zosterifolia.

Wassertypen

In den Tropen, woher Warmwasser-Aquarienfische wie die Salmler stammen, unterscheidet man drei Wassertypen: Weißwasser, Schwarzwasser und Klarwasser.

▶ WEISSWASSER ist lehmig hell und trüb. Die Ursache dafür erkennt man, wenn man das Wasser in ein Glas füllt und ruhen lässt. Bald bedeckt sich der Boden mit Sediment, also Material, das an anderer Stelle abgetragen und fortgeschwemmt wurde. Seine Farbe, und damit die des Wassers, kann sich ändern und gleicht dem Boden jenes Gebietes, aus dem es fortgetragen wurde. So ist zum Beispiel das Wasser des Río Branco („Weißer Fluss") außergewöhnlich hell, fast weiß. Typisches Weißwasser: Amazonas.

▶ SCHWARZWASSER kann unterschiedliche Schwarz- bis Brauntöne aufweisen. Die Farbgebung und meist auch der unterschiedlich saure pH-Wert wird von den Böden bestimmt, über die das Wasser eines Baches oder Flusses seit seinen Ursprüngen geflossen ist. Für die Schwarzfärbung der amazonischen Gewässer werden oft die Podsole verantwortlich gemacht - ein mineralarmer Oberboden über grauer bis weißer Bleicherde. Andererseits darf man die ungeheuren Mengen an pflanzlichem Material nicht übersehen, die ins Wasser fallen. Ihre Zerset-

Salmler-Biotop in Französisch Guayana.

zungsprodukte, die Huminsäuren, sind für den niedrigen pH-Wert verantwortlich, der zum Beispiel am oberen Río Negro bei einer Gesamthärte von 0,003 °dGH bei etwa 4,42 liegt. Typisches Schwarzwasser: Río Negro.

Schwarzwassergraben in Venezuela - das Wasser ist so weich, dass der Härtegrad mit gängigen Methoden nicht mehr bestimmt werden kann.

▶ **KLARWASSER** hat meist einen grünlichen, seltener einen hellbraunen oder -blauen Farbstich. Es erscheint sehr klar, ohne Trübstoffe. Auch dieses Wasser ist - mit Ausnahmen - weltweit sehr weich. Typisches Klarwasser: Río Tocantins, Río Tapajós, Río Xingú.

Die Mischung macht's

Beim Betrachten der verschiedenen Gewässertypen muss man feststellen, dass jeder einzelne für die meisten Fische nicht optimal ist. Die Mischung macht's! Erst wenn sich die verschiedenen Wassertypen in Kontaktzonen vermischen, entsteht ein auch für die Fortpflanzung viel günstigeres Wasser.

Gewässer Mittelamerikas und Afrikas

Die Flüsse Mittel- und Südamerikas weisen sehr unterschiedliche Wasserqualitäten auf. Selbst wenn die Flüsse relativ nah beieinander liegen, können sie doch sehr unterschiedlich hartes Wasser führen. Das hängt mit den Kalksteingebirgen einerseits bzw. Regenwaldgebieten andererseits zusammen, durch welche diese Flüsse ihren Lauf nehmen. Die meisten der hier lebenden Fische müssen daher recht salztolerant sein, wollen sie in beiden Gewässertypen überleben.
Betrachtet man die Salmlerfauna Afrikas, so wird man feststellen, dass die überwiegende Mehrzahl der Salmlerarten Westafrikas vornehmlich aus dem weiten Becken des Kongoflusses stammt. Hier ist das Wasser im Durchschnitt ebenso weich und mehr oder weniger sauer wie in Südamerika. Ähnliches gilt auch für die küstennahen Regenwaldgebiete der westafrikanischen Staaten von Gambia bis Gabun.
Im Gegensatz dazu zeigen viele nicht besonders weiche Gewässer Ostafrikas – Turkana-, Viktoria-, Tanganjika- und Malawi-See – einen alkalischen Charakter mit zum Teil recht hohen pH-Werten. Für die meisten Salmler sind diese Regionen nicht besonders lebensfreundlich.

Vorgestellte Arten

Im folgenden Teil des Buches lernen Sie die in der Aquaristik gängigsten Salmlerarten kennen. Zunächst die aus Afrika stammenden, dann die viel zahlreicheren amerikanischen Arten.

Arnolds Rotaugensalmler
Arnoldichthys spilopterus
Alestidae

GRÖSSE Bis 8 cm.
VERBREITUNG Niger-Delta, Ogun-Fluss (Nigeria/Westafrika)
BESCHREIBUNG Arnolds Rotaugensalmler besitzt einen kräftigen gestreckten Körper. Die Iris der großen Augen leuchtet tief orangerot. Der gesamte Körper ist mit großen Schuppen bedeckt. Vom Auge bis zur Schwanzwurzel zeigen sie, von oben nach unten, je eine Glanzreihe in goldorange, olivgrün und goldgelb. Oberhalb dieser Reihen brilliert der Körper kupferbraun bis goldbraun, unterhalb kupferfarben bis olivgrün. Je nach Fundort herrschen die Farben Gold, Orange und Kupfer oder Gold und Olivgrün vor. Die Männchen besitzen eine größere schwarz und orange marmorierte Afterflosse. Die der Weibchen ist kleiner, transparent und mit einem schwarzen Fleck versehen.
TEMPERATUR 23 bis 27 °C.
PFLEGE Der friedliche Salmler ist etwas scheu. Er benötigt ausreichenden Schwimmraum. Seine Haltung ist grundsätzlich nicht schwierig und auch in Gesellschaft mit anderen friedlichen Fischen geeigneter Größe gut möglich. Zur Entfaltung seiner herrlichen und brillierenden Farben sollte er in weichem Wasser bei gedämpfter Beleuchtung gepflegt werden.
FÜTTERUNG Es wird jedes Futter willig angenommen.

Gelber Kongosalmler
Alestopetersius caudalis
Alestidae

GRÖSSE Bis 7 cm.
VERBREITUNG Unteres Kongobecken (Westafrika).
BESCHREIBUNG Dieser sehr zart und grazil wirkende Salmler hat eine hell graubraune Grundfärbung. Der Bauch ist silberweiß. Je nach Lichteinfall brilliert der Rücken hellblau. Die mittleren Strahlen der Schwanzflosse sind schwarz und filamentartig verlängert. Sie werden oben und unten von einer zartgelben Zone gesäumt. Die Spitzen der Kaudallappen zeigen ebenfalls einen zartgelben Saum. Wie die mit Filamenten ausgezogene Rückenflosse sind auch After- und Bauchflossen mit schmalen, leuchtend weißblauen Säumen gezeichnet. Weibchen haben keine vergrößerten Flossen oder Filamente. Ihre Flossen sind transparent.
TEMPERATUR 23 bis 27 °C.
PFLEGE Der friedliche, etwas scheue Salmler sollte stets in Gruppen gehalten werden. Er kommt in Gesellschaft mit anderen friedlichen Mitbewohnern gut aus. Bei gedämpfter Beleuchtung und weichem, leicht saurem Wasser fallen der zartblaue Rücken und vor allem die leuchtend weißblauen Flossensäume besonders ins Auge.
FÜTTERUNG Jedes gute Futter wird willig genommen.

Sierra-Leone-Zwergsalmler
Ladigesia roloffi
Alestidae

GRÖSSE Bis 4 cm.
VERBREITUNG Sierra Leone (Kasewe Forest), Liberia, Guinea (Westafrika).
BESCHREIBUNG Diese Salmler sind von sehr gestreckter Gestalt. Die großen Augen besitzen eine silbernglänzende Iris. Die Flanken wirken durchscheinend. Außer der weißen Bauchregion brilliert der gesamte Körper in einem zarten Grüngelb. Die tief eingeschnittene Schwanzflosse ist in den Lappen wie die Rückenflosse streifenförmig in fluoreszierendes Gelb bis Orange gefärbt. Die Färbung der Flossen kann je nach Fundort von gelb über orange bis lachsrot variieren. Die schlankeren Männchen haben eine vergrößerte abgerundete Afterflosse.
TEMPERATUR 23 bis 27 °C.
PFLEGE Die Tiere dieser empfindlichen und scheuen Art benötigen weiches, leicht saures Wasser und sind nur gemeinsam mit ruhigen und friedlichen Mitbewohnern zu pflegen. Vorsicht beim Hantieren im Aquarium! Die Tiere sind sehr stressempfindlich und neigen dann zum Springen.
FÜTTERUNG Neben gesiebtem Tümpelfutter und Artemia-Nauplien wird zerriebenes Flockenfutter genommen.

Adonissalmler
Lepidarchus adonis signifer
Alestidae

GRÖSSE Bis 2 cm.
VERBREITUNG Liberia (Westafrika). Zuerst entdeckt in einem kleinen Bach südöstlich des Robertsfield Flugplatzes südöstlich von Monrovia.
BESCHREIBUNG Bei dieser Unterart handelt es sich um einen sehr kleinen friedlichen Salmler mit sehr zerbrechlich wirkendem Körper, der mit einem stattlichen Flossenwerk ausgestattet ist. Die relativ großen Schwanzflossenlappen sind, wie auch der hintere Körper und die leicht vergrößerte Afterflosse, mit rotbraunen Flecken gezeichnet. Rund um die Schwanzwurzel erkennt man ein rotbraunes Band. Die Vorderkanten der Afterflosse und der Bauchflossen sind cremeweiß gesäumt. Die Afterflosse der Weibchen ist deutlich kleiner.
TEMPERATUR 23 bis 27 °C.
PFLEGE Die sehr sensiblen kleinen Salmler sind in weichem Wasser bis 10 °dGH und einem pH-Wert unter 7,0 gut zu halten. Als Mitbewohner eines Gesellschaftsaquariums sind sie allerdings nicht geeignet!
FÜTTERUNG Fein gesiebtes Tümpelfutter, Artemia-Nauplien und fein zerriebenes Flockenfutter.

Angolasalmler
Phenacogrammus ansorgii
Alestidae

GRÖSSE Bis 7 cm.
VERBREITUNG Gabun; Kongobecken; Angola (Río Chiloango, Río Bengo bei Cabiri, Lago Kilungu); Río Muni.
BESCHREIBUNG Der elegant wirkende Salmler hat einen schlanken Kopf mit größeren, silbrig glänzenden Augen. Hinter ihnen beginnt eine zartviolett glänzende Zone, die sich bis zum Ende des Schwanzstieles über den ganzen Hinterkörper erstreckt. Vom Nacken über den Rücken bis zur Schwanzwurzel irisiert der Körper türkisblau. Der schwarze Schwanzwurzelfleck läuft in der Kaudalbasis aus. Die Filamente der langgezogenen und gebogenen Rückenflosse können die Schwanzflosse erreichen. Außer den transparenten Brustflossen sind alle übrigen zart grau getönt. Weibchen zeigen keine türkisblauen Brillanzfarben. After- und Rückenflosse sind bei ihnen nicht vergrößert bzw. sind ohne Filamente.
TEMPERATUR 23 bis 27 °C.
PFLEGE Der friedliche Schwarmfisch bleibt meist etwas scheu. Er sollte daher in einer Gruppe in weichem, leicht saurem Wasser bei nicht zu kräftiger Beleuchtung gepflegt werden.
FÜTTERUNG Jedes Futter wird willig genommen.

Kongosalmler
Phenacogrammus interruptus
Alestidae

GRÖSSE Bis 8 cm.
VERBREITUNG Unteres Kongobecken (Westafrika).
BESCHREIBUNG Der sehr farbig schillernde Kongosalmler besitzt einen mäßig gestreckten kräftigen Körper, der mit großen Schuppen bedeckt ist. Er brilliert vom Rücken bis zum Unterkörper abwechselnd in den Farben Türkis – Gold – Türkis. Die Bauchregion ist silberweiß. Rücken-, Schwanz- und Afterflosse sind extrem unregelmäßig ausgezipfelt und chromweiß gerandet. Das große Auge zeigt eine goldglänzende Iris. Weibchen bleiben deutlich kleiner. Ihr Körper zeigt nur wenig Brillanzfarben. Sämtliche Flossen sind transparent und nicht ausgezipfelt.
TEMPERATUR 23 bis 27 °C.
PFLEGE Der friedliche Schwarmfisch benötigt ausreichenden Schwimmraum. Er kann gut mit anderen friedfertigen Fischen gemeinsam gehalten werden. In weichem, leicht saurem Wasser zeigt dieser prächtige Schwarmsalmler seine schönsten Farben. Im nitratarmem Wasser entwickeln sich die herrlichen Flossen der Männchen besonders gut.
FÜTTERUNG Jedes Futter – besonders wenn es sich bewegt – wird gierig genommen.

Kleiner Rotflossen-Geradsalmler
Distichodus noboli
Citharinidae

GRÖSSE Bis etwa 20 cm.
VERBREITUNG Zentrales Kongobecken.
BESCHREIBUNG Eine Art, die zu Unrecht als die kleinste, wohl aber als eine der schönsten angesehen werden kann, und es gibt mit *D. affinis* und *D. notospilus* zwei weitere, recht ähnliche Arten. Der hochrückige silbrige Körper zeigt in der unteren Hälfte eine feine schwarze Tüpfelung auf den Schuppenreihen. Interessant ist die Form der gegabelten Schwanzflosse, deren Lappen herzförmig gebogen zusammenlaufen. Mit Ausnahme der Brustflossen und der Rückenflosse sind alle übrigen über der Basis blutrot und dazu mit einem breiten äußeren rosaorangefarbenen Saum versehen. Diese Färbung zeigt auch – hier vertikal gestreift – die hintere Rückenflosse, doch liegt in ihrem vorderen Drittel noch eine kräftig schwarze Binde.
TEMPERATUR 23 bis 27 °C.
PFLEGE Relativ langsam wachsende Fische, die sich gut im Gesellschaftsaquarium auch gegenüber Artverwandten zu behaupten wissen. Ihr Appetit auf pflanzliche Kost ist aber auch ihnen nicht abzusprechen.
FÜTTERUNG Neben normalem Futter auch vegetarische Kost: Überbrühter Spinat, Salat, Gurkenstücke.

Zebra-Geradsalmler
Distichodus sexfasciatus
Citharinidae

GRÖSSE In Ausnahmen bis 80 cm. Normalerweise nur halb so lang.
VERBREITUNG Kongo – einschl. Lualaba-Becken und Zonen im Tanganjikasee.
BESCHREIBUNG Hochrückiger Körper von braungelber bis beiger Grundfärbung. Vom Nacken bis zur Schwanzwurzel ist der Körper von 6 bis 7 senkrechten kaffeebraunen bis tiefschwarzen schmalen, bis zur Bauchlinie reichenden Binden gezeichnet. In der Jugend ist die Fettflosse leuchtend gelb mit schwarzem Rand. Außer den Brustflossen sind alle übrigen Flossen im Jugendkleid lachsrot gefärbt. Die Iris ist golden mit orangefarbenem Glanz. Mit zunehmendem Alter nimmt diese intensive Färbung ab. Geschlechtsunterschiede sind nicht bekannt.
TEMPERATUR 23 bis 27 °C.
PFLEGE Sehr schön gefärbte und somit äußerst attraktive Jungtiere werden im Handel öfter angeboten. Der Einkauf sollte auf Grund der genannten Wuchsfreudigkeit wohlüberlegt sein. In der Haltung sind die Tiere nicht anspruchsvoll, doch benötigen sie von jung an ein sehr geräumiges Aquarium. Man sollte bei der Einrichtung nur große harte Pflanzen wählen oder ganz auf sie verzichten.
FÜTTERUNG Wie bei *D. noboli* angegeben.

Roter von Kamerun
Neolebias ansorgii
Crenuchidae

GRÖSSE 3,5 cm.

VERBREITUNG Von Kamerun über das Niger-Delta und den unteren Kongo bis Angola (Río Lucula u. Río Luali bei Lundo).

BESCHREIBUNG Aus Kamerun stammt diese synonym als *N. landgrafi* beschriebene Art. Die Tiere sind von gedrungener Gestalt. Auf dem Ende des breiten Schwanzstieles befindet sich ein senkrechtovaler schwarzer Schwanzwurzelfleck, der in die Basis der nur wenig eingeschnittenen Schwanzflosse hineinragt. Die breit angelegte Rückenflosse wirkt am oberen Rand wie gerade abgeschnitten. Vom Kopf bis zur Schwanzflosse zieht ein breites dunkelolivgrünes Band. Die Rückenpartie ist tarnend dunkelbraun abgedeckt. Vom unteren Rand des Kiemendeckels über die Bauchregion bis einschließlich der Afterflosse zeigen männliche Tiere eine rote, in Balzstimmung blutrote Färbung. Weibchen sind ähnlich, jedoch weniger intensiv getönt. Bei Männchen ist die Afterflosse vergrößert und gerundet.

TEMPERATUR 23 bis 27 °C.

PFLEGE Der friedliche, etwas scheue Salmler ist nicht schwer zu halten. Er sollte jedoch nur im Artaquarium oder zusammen mit sehr kleinen ebenso friedlichen Mitbewohnern gepflegt werden. In weichem, leicht saurem Wasser zeigen die Tiere am ehesten ihr wirklich prächtiges Farbkleid.

FÜTTERUNG Feines Lebendfutter sowie fein zerriebenes Flockenfutter.

Segelflossensalmler, Prachtsalmler
Crenuchus spilurus
Crenuchidae

GRÖSSE Bis 6 cm.

VERBREITUNG Venezuela, Guayana-Länder, Brasilien.

BESCHREIBUNG Dieser im Verhalten sehr ruhige Salmler besitzt einen bulligen Kopf mit einem tief eingeschnittenen großen Maul. Erwachsene Männchen entwickeln extrem großflächige Rücken- und Afterflossen. Je nach Herkunft können diese Flossen in verschiedenen Orange- und Rottönen gefärbt und mit vielen gelben bis hellblauen Flecken gezeichnet sein. Trotz ihres gefährlichen Aussehens kann man die Fische durchaus auch mit kleineren Verwandten gemeinsam pflegen, da die ruhigen Tiere eher ein verstecktes Leben führen und sich in Höhlen bzw. ähnlichen Unterständen fortpflanzen.

TEMPERATUR 26 bis 28 °C.

PFLEGE Benützt in Aquarien mit Versteckmöglichkeiten solche als Ruheplätze. Männchen besetzen Unterstände und zeigen Revierverhalten, lassen Mitbewohner aber weitgehend unbehelligt.

FÜTTERUNG Lebendfutter aller Art. Frostfutter wird nach Gewöhnung auch genommen.

Rotflossiger Prachtsalmler
Poecilocharax weitzmani
Crenuchidae

GRÖSSE Bis 4 cm.
VERBREITUNG Oberlauf des Río Solimões wie auch in der Region des oberen Río Negro/Río Orinoco.
BESCHREIBUNG Dieser Salmler besitzt, ähnlich wie *C. spilurus*, einen bullig wirkenden Kopf mit tiefer Maulspalte. Die erwachsenen Männchen zeigen eine sehr große After- und Rückenflosse.
TEMPERATUR 24 bis 28 °C.
PFLEGE Trotz ihres gefährlichen Aussehens sind die Tiere eher scheu und können sich anderen lebhafteren Salmlerarten gegenüber nur schwer durchsetzen. Sie sollten daher nur mit kleineren, sehr ruhigen Arten gemeinsam gepflegt werden. *P. weitzmani* liebt weiches Wasser und Aquarien mit Versteckmöglichkeiten. Die Männchen besetzen Unterstände und verteidigen kleinere Reviere. Abgelaicht wird in höhlenartigen Unterständen. Die Männchen betreiben eine einfache Brutpflege.
FÜTTERUNG Zur erfolgreichen Pflege sollte unbedingt abwechslungsreiches Lebendfutter angeboten werden. Bei Futterkonkurrenz mit anderen, durchsetzungsstärkeren Arten wird der prächtige Salmler bald kümmern.

Spritzsalmler
Copella arnoldi
Lebiasinidae

GRÖSSE Bis 8 cm.
VERBREITUNG Guayana-Länder und unterer Amazonas-Einzug.
BESCHREIBUNG Der sehr gestreckte Salmler besitzt einen auffällig langen Schwanzstiel. Insgesamt ist der Körper je nach Befinden gold- bis dunkelbraun. In der hinteren Körperhälfte befinden sich einige kurze Glanzschuppenreihen. Der obere Lappen der Schwanzflosse ist extrem verlängert und auch Rücken-, After- und Bauchflossen sind bei Männchen deutlich vergrößert. In der Rückenflosse befindet sich an der vorderen Basis ein goldener und darüber ein schwarzer Fleck. Alle Flossen der Männchen, insbesondere der untere Lappen der Schwanzflosse, sind lachsrot gefärbt. Weibchen sind etwas kleiner, haben keine vergrößerten Flossen und sind weniger intensiv gefärbt.
TEMPERATUR 23 bis 27 °C.
PFLEGE Der friedliche elegante Salmler sollte unbedingt in einer Gruppe gehalten werden. Obgleich die Tiere dauerhaft bei einer Härte von 15 °dGH gepflegt werden können, erscheint es für ihre Haltung vorteilhafter, wenn das Wasser weich und leicht sauer ist. Das Aquarium ist an der Oberfläche gut abzudecken. Fische springen!
FÜTTERUNG Tümpel- wie auch Frostfutter, nach Eingewöhnung auch zerriebenes Flockenfutter.

Regenbogen-Schlanksalmler
Copella compta
Lebiasinidae

GRÖSSE Bis 6 cm.
VERBREITUNG Brasilien, oberer Río Negro (São Gabriel).
BESCHREIBUNG Der sehr schlanke Körper ist mit großen Schuppen bedeckt, von denen jede mit einem dunklen Punkt gezeichnet ist. Der kupferfarben glänzende Körper wird zum Bauch hin heller. Alle Flossen der Männchen sind vergrößert; die der Männchen ist im vorderen Bereich kupferfarben und im unteren Drittel mit einem schwarzen Fleck gezeichnet. Weibliche Tiere sind weniger intensiv gefärbt und lassen nur kleinere Flossen erkennen.
TEMPERATUR 23 bis 27 °C.
PFLEGE Der prächtige Schlanksalmler zeigt seine intensiven Kupferfarben nur in weichem, leicht saurem Wasser, andererseits ist seine Pflege auch noch in Wasser bis etwa 15 °dGH möglich – dann jedoch verliert sich sein Glanz. Die Tiere sind etwas scheu, doch dabei sehr friedlich. Sie werden leider im Handel zu selten angeboten und erreichen die Importeure nur sehr selten als umfangreiche Artsendung.
FÜTTERUNG Gesiebtes Tümpelfutter, Artemia-Larven wie auch fein zerriebenes Flockenfutter.

Rehsalmler
Copella nigrofasciata
Lebiasinidae

GRÖSSE Bis 6 cm.
VERBREITUNG Peruanischer Amazonas.
BESCHREIBUNG Ein weiterer gestreckter Vertreter der Gattung, auch wieder mit dem charakteristisch langen Schwanzstiel. Von den Kiemen bis in die Schwanzwurzel zieht ein schwarzes Längsband mit unregelmäßig gezackten Rändern, das oberhalb von einem silberblauen Band begleitet wird. Kehle und Bauch sind weiß, der Rücken dunkeloliv. Die Vorderkante der Rückenflosse ist in der Basis hellrot und anschließend schwarz gefleckt. Bei männlichen Tieren sind alle Flossen vergrößert und gelblich bis orange getönt. Ihre Schwanzflossenlappen sind außen leicht hellrot gefleckt.
TEMPERATUR 23 bis 27 °C.
PFLEGE Der sehr grazile Salmler ist friedlich und als Mitbewohner eines Gesellschaftsaquariums mit ähnlich friedvollen Fischen bestens geeignet. In weichem, leicht saurem Wasser fühlen sich die Tiere besonders wohl. Notfalls reicht ihnen aber auch eine Härte bis etwa 15 °dGH, und bei einem pH-Wert knapp unter 7,0 lassen sich die Tiere noch zufriedenstellend halten.
FÜTTERUNG Ähnlich wie bei der vorangegangenen Art beschrieben.

Punktierter Zwergraubsalmler
Lebisiana astrigata
Lebiasinidae

GRÖSSE Bis 8 cm.

VERBREITUNG NW-Ecuador (Río Sapayo, St. Javier, Parambá) und angrenzendes Kolumbien.

BESCHREIBUNG Die Fische sind gestreckt. Ihr Schwanzstiel ist lang und dick. In der Basis der kleinen Schwanzflossenlappen zeigt sich deutlich eine Beschuppung. Der etwas bullig wirkende Kopf mit der nach oben gerichteten Maulspalte deutet bereits auf die etwas räuberische Ernährungsweise hin. Der großbeschuppte Körper ist in der Grundfarbe goldgrün, zum Bauch hin beige. Hinter den Kiemendeckeln beginnt in der Körpermitte eine Reihe mit sieben unregelmäßigen dunkelgrünen Punkten. Sie endet in der Schwanzwurzel.

TEMPERATUR 23 bis 27 °C.

PFLEGE Kein alltäglicher Pflegling! Wie die meisten Räuber tolerant gegenüber den Wasserwerten und außerdem durch zusätzliche Luftatmung mit Hilfe der Schwimmblase für das Einschwimmen in sauerstoffarme Gewässer vorbereitet. Scheu aber zuweilen ruppig, so dass man sie nur mit wehrhaften größeren Fischen zusammen pflegen sollte.

FÜTTERUNG Tümpel- und vorwiegend fleischiges Frostfutter.

Vielpunkt-Zwergraubsalmler
Lebisiana multimaculata
Lebiasinidae

GRÖSSE Bis 7 cm.

VERBREITUNG Westkolumbien (Río Condoto/Chocó).

BESCHREIBUNG Die mit der Möglichkeit zusätzlicher Luftatmung ausgestatteten langgestreckten Großschuppensalmler verfügen über einen kurzen Kopf mit nach oben gerichteter Maulspalte. Die Basis der Schwanzflossenlappen ist großflächig beschuppt, der obere Lappen etwas verlängert. Die Flanken glänzen kupfergoldfarben und sind vom Kiemendeckelrand bis zur Schwanzwurzel mit zwölf bis dreizehn olivgrünen Punkten gezeichnet. Sämtliche Flossen sind schwach gelblich getönt.

TEMPERATUR 23 bis 27 °C.

PFLEGE Wie ihr naher Verwandter *L. astrigata* stellt auch diese Art an die Wasserbeschaffenheit keine besonderen Ansprüche. Im Aquarium werden die Tiere zuweilen innerartlich recht ruppig. Einzeln gehalten werden sie besonders scheu, stehen lange im Unterstand und kommen nur zur Nahrungsaufnahme nach vorn.

FÜTTERUNG. Kräftiges Lebend- und Frostfutter. Nach Eingewöhnung wird auch – wenn auch nicht gierig – Flockenfutter genommen.

Anduzes Ziersalmler
Nannostomus anduzei
Lebiasinidae

GRÖSSE Bis 2 cm.
VERBREITUNG Venezuela (Mittlerer Río Orinoco, Puerto Ayacucho), Brasilien (oberer Río Negro).
BESCHREIBUNG Die höchstens zwei Zentimeter langen Fischchen stellen die kleinste Art der Gattung dar. Vom goldenen Augenring bis in die Schwanzwurzel zieht sich eine goldgrüne Längsbinde. Rücken und Flanken sind graubraun mit leichtem Goldglanz. Die Schwanzflossenbasis sowie die deutlich vergrößerte Afterflosse der Männchen sind blutrot. Alle Flossen sind transparent. Die etwa gleichgroßen Weibchen unterscheiden sich in der Körperfärbung nicht.
TEMPERATUR 23 bis 27 °C.
PFLEGE Die Zwerge werden leider noch nicht gezielt eingeführt und gelangen ausschließlich als Beifänge zum Blauen Neon in den Handel. Die Tiere benötigen weiches und leicht saures Wasser. Nach Möglichkeit sollte die Haltung einer Gruppe in einem Kleinaquarium angestrebt werden. Eingewöhnte Tiere erweisen sich unter guten Bedingungen durchaus als gute Pfleglinge, die sich auch vermehren lassen. Als Mitbewohner wären am ehesten der Blaue Neon, *Axelrodia stigmatias* und *Hyphessobrycon amandae* geeignet.
FÜTTERUNG Wie bei *L. multiculata*.

Längsband-Ziersalmler
Nannostomus beckfordi
Lebiasinidae

GRÖSSE Bis 5 cm.
VERBREITUNG Nördliches Südamerika (Guayana-Länder).
BESCHREIBUNG Der Körper ist sehr gestreckt. Ein fast schwarzes breites Längsband zieht von den Augen bis in die untere Hälfte des Schwanzstieles. Die obere Hälfte der Flanken zeigt eine goldbraune bis graubraune Färbung. Je nach Stimmung sind bei den Männchen die Basen der Schwanzflossenlappen sowie der Bereich von der Afterflosse bis weit in die Bauchregion blutrot gefärbt. Die Weibchen zeigen dagegen eine wesentlich weniger intensive Färbung. Ihre Afterflosse ist klein und dreieckig, wogegen die der Männchen groß und rund ist. Entsprechend der sehr weiten Verbreitung sind unterschiedliche Farbvarianten bekannt.
TEMPERATUR 23 bis 27 °C.
PFLEGE Die sehr ruhigen und friedlichen Tiere sind für die Haltung in einem Gesellschaftsaquarium gut geeignet. Sie lassen sich in Wasser bis 20 °dGH bei einem pH-Wert um 7,0 noch dauerhaft pflegen. Angemessener sind jedoch ein weiches und leicht saures Wasser wie auch eine gedämpfte Beleuchtung. Hier zeigen die Männchen bei den häufigen Kommentkämpfen ihre herrlichen Farben.
FÜTTERUNG Gesiebtes Tümpelfutter, Artemia-Nauplien wie auch zerriebenes Flockenfutter.

Schmuck-Ziersalmler
Nannostomus nitidus
Lebiasinidae

GRÖSSE Bis 4,5 cm.

VERBREITUNG Brasilien, Bundesstaat Pará (Río Capím, Igarapé Candirú-Mirim).

BESCHREIBUNG Ein Ziersalmler von üblicherweise gestreckter Gestalt. Im gesamten Bereich des Rückens ist das große Schuppenmuster besonders prägnant. Ein breites schwarzblaues Längsband zieht von den Maulwinkeln durch die Augen in die untere Hälfte des Schwanzstieles und geht hier in die Kaudalbasis über. Das Band wird oben von einem schmaleren silberblauen Band begleitet. Von der Kehle bis zur Vorderkante der Afterflosse ist der Unterkörper gelblich. In der Regel sind beim schlankeren Männchen die größere After- und die Basis der Schwanzflosse rot. Es wurden jedoch auch Varianten angetroffen, bei denen allen Männchen die Rotfärbung fehlt.

TEMPERATUR 23 bis 27 °C.

PFLEGE Die Ziersalmler lieben gut bepflanzte Aquarien mit gedämpfter Beleuchtung. Die friedlichen Tiere lassen sich gut mit anderen friedfertigen Mitbewohnern in weichem, leicht saurem Wasser (mit weniger als 10 °dGH Härte) pflegen.

FÜTTERUNG Gesiebtes Tümpelfutter, Artemia-Larven, auch zerriebenes Flockenfutter.

Zweistreifen-Ziersalmler
Nannostomus digrammus
Lebiasinidae

GRÖSSE Bis 4 cm.

VERBREITUNG Einzug des mittleren (Río Madeira) und unteren Amazonas, Guayana-Länder.

BESCHREIBUNG Ein goldgelbes Längsband zieht sich von der oberen Maulspitze über die ebenfalls goldene Iris in die obere Hälfte des Schwanzstieles. Sie wird von einer darunterliegenden rotbraunen Binde begleitet, die in der unteren Hälfte des Stieles endet. Der Rücken ist grau- und die Bauchregion weißgolden. Sämtliche Flossen sind transparent. Die schlankeren Männchen verfügen über eine stark vergrößerte Afterflosse; bei den fülligeren Weibchen beschränkt sich diese auf ein kleineres Dreieck. Aufgrund der weiten Verbreitung gibt es einige, aber nur unwesentliche Varianten.

TEMPERATUR 23 bis 27 °C.

PFLEGE Der sehr ruhige und friedliche Salmler soll nur mit Tieren ebenso ruhiger Arten gemeinsam gepflegt werden. Nur in sehr weichem und saurem Wasser zeigt *N. digrammus* seine dann sehr seidig glänzenden goldenen und rotbraunen Farben. Die Tiere werden relativ selten im Handel angeboten.

FÜTTERUNG Gesiebtes Tümpelfutter, Artemia-Larven, fein zerriebenes Flockenfutter.

Schrägsteher
Nannostomus eques
Lebiasinidae

GRÖSSE Bis 5 cm.

VERBREITUNG Nördliches Amazonien (von Pará bis Perú).

BESCHREIBUNG Wie *Nannostomus unifasciatus* wird auch diese Art von manchen Autoren fälschlich noch der Gattung *Nannobrycon* (Synonym) zugeordnet. Die Schrägsteher sind vom Auge bis in den unteren Schwanzflossenlappen von einem schwarzen Längsband gezeichnet. Das darüberliegende silbrige Band geht in das Mittelfeld der Schwanzflosse über. Auf dem graubraunen Rücken sowie dem weißen Bauch erkennt man dunkle Punktreihen. Je nach Fundort hat die Afterflosse eine mehr oder weniger intensive schwarze und rote Tönung, dazu einen weißen Saum. Die schlankeren Männchen wirken zierlicher als die rundlicheren Weibchen.

TEMPERATUR 23 bis 27 °C.

PFLEGE Ruhige und friedliche Fische, die nur in Gruppen gehalten werden sollten. Weiches und leicht saures Wasser ist ihrem Wohlbefinden sehr zuträglich. Die Ziersalmer halten sich vorzugsweise im Bereich unterhalb von Schwimmpflanzen oder zwischen lockeren Pflanzenbeständen auf. Eine Gemeinsamkeit mit ebenso friedlichen Mitbewohnern sollte selbstverständlich sein.

FÜTTERUNG Wie bei *N. digrammus*.

Gebänderter Ziersalmler
Nannostomus espei
Lebiasinidae

GRÖSSE Bis 4 cm.

VERBREITUNG Guayana (System des Mazaruni River).

BESCHREIBUNG Kopf und Körper dieses schlanken Ziersalmlers haben eine graubraune Grundfärbung mit einem von den Augen (mit goldener Iris) bis zum Ende des Schwanzstieles reichenden besonders intensiven Goldglanz. Von der Kehle bis vor die Afterflosse ist der Unterkörper silbrig bis weiß. Unterhalb der goldenen Längsbinde ist der Körper mit fünf unregelmäßigen, nach vorn unten gerichteten schwarzen ovalen Feldern gezeichnet. Die Afterflosse der Männchen ist deutlich länglichoval vergrößert; die der fülligeren Weibchen ist klein und von eher dreieckiger Form. Bei Tieren beiderlei Geschlechts sind die Flossen transparent.

TEMPERATUR 23 bis 27 °C.

PFLEGE Der wegen seiner Musterung unverwechselbare kleine Salmler sollte wie die meisten seiner Gattungsverwandten möglichst in einer Gruppe in einem gut bepflanzten Aquarium gehalten werden, in dem auch die Mitbewohner ähnlich friedlich sind. Über einen langen Zeitraum waren die Importe dieser Fische rar, jetzt gibt es sie wieder häufiger. Sie lieben weiches und leicht saures Wasser.

FÜTTERUNG Wie bei *N. digrammus*.

Goldbinden-Ziersalmler
Nannostomus harrisoni
Lebiasinidae

GRÖSSE Bis 6 cm,
VERBREITUNG Guayana
BESCHREIBUNG Die gestreckteste Art der Gattung mit einem sehr langen Schwanzstiel. Von der Unterlippe bis in den unteren Schwanzflossenlappen hinein zieht sich ein recht tief verlagertes Längsband. Darüber sind Kopf und Körper goldbraun gefärbt. Das spitze Maul glänzt rötlich, und die Bauchregion ist silberweiß. Dort, wo die Längsbinde in der Schwanzflossenbasis endet, geschieht das in einem oben und unten rot gerandeten Feld. Bei männlichen Tieren ist die Afterflosse ein wenig vergrößert und zeigt eine etwas intensivere Rotfärbung. Bei Weibchen tritt die Rotfärbung weithin zurück und die Anale ist kleiner und dreieckig.
TEMPERATUR 23 bis 27 °C.
PFLEGE Weiches, leicht saures und möglichst nitratarmes Wasser, dazu ein reichlich bepflanztes Aquarium und friedliche Mitbewohner sind das, was den Fischen, in der Gruppe gehalten, das Leben angenehm macht. Jetzt zeigen die Tiere ihre schönste Färbung.
FÜTTERUNG Wie bei *N. digrammus.*

Zwergziersalmler
Nannostomus marginatus
Lebiasinidae

GRÖSSE Bis 3,5 cm.
VERBREITUNG Surinam, Guayana, Brasilien.
BESCHREIBUNG Die Tiere dieser Art sind nur mäßig gestreckt. Das silbrige Längsband in der Körpermitte reicht von der Oberlippe bis in die Schwanzflossenbasis hinein. Es wird oben von einer schmaleren und unten von einer breiteren schwarzen Längsbinde begleitet. Beide enden in der Mitte der Kaudale. Der Rücken ist graubraun. Je nach Fundort kann zwischen dem silbrigen und dem unteren dunklen Band ein zusätzliches, meist unvollständiges rotes Band vorhanden sein. Rücken-, After- und Bauchflossen sind ganz oder zum Teil blutrot gefärbt. Weibliche Tiere sind leicht an ihrer Körperfülle zu erkennen.
TEMPERATUR 23 bis 27 °C.
PFLEGE Diese Südamerikaner lieben weiches und leicht saures Wasser. Die etwas scheuen, aber trotzdem lebhaften Tiere sollten möglichst im Schwarm und im gut bepflanzten Artaquarium gehalten werden. Im Gesellschaftsbecken nur mit kleinen, sehr friedfertigen Mitbewohnern pflegen.
FÜTTERUNG Wie bei *N. digrammus.*

Marilyns Ziersalmler
Nannostomus marilynae
Lebiasinidae

GRÖSSE Bis 4 cm.
VERBREITUNG Brasilien
(Einzug des Río Negro).
BESCHREIBUNG Der elegante zylindrische Körper ist, beginnend an der goldenen Iris, bis in die Schwanzwurzel mit einem gold-gelben Band gezeichnet. Unter dieser goldenen Längsbinde verläuft ein schwarzbraunes Band, das den gleichen Weg nimmt. Der Rücken ist dunkelbraun und die Bauchregion goldfarben. Vom Bereich der Brustflossen bis zur Vorderkante der Afterflosse ist ein dünner Abdominalstreifen, ein Streifen unterhalb der Körperachse, sichtbar. Männchen haben eine vergrößerte und gerundete Afterflosse; die der Weibchen ist kleiner und dreieckig. *N. marilynae* ist leicht mit *N. digrammus* zu verwechseln. Dieser jedoch zeigt weichere Gold- und Braunfärbungen und Männchen haben eine weitaus größere Afterflosse.
TEMPERATUR 23 bis 27 °C.
PFLEGE Der selten importierte Salmler liebt weiches, leicht saures Wasser, gut bepflanzte Aquarien und gedämpftes Licht. Er soll nur in der Gruppe mit friedlichen Begleitfischen gehalten werden.
FÜTTERUNG Wie bei *N. digrammus*.

Mini-Ziersalmler
Nannostomus minimus
Lebiasinidae

GRÖSSE Bis 2,5 cm.
VERBREITUNG Guayana
(Einzug des Mazaruni River).
BESCHREIBUNG Der Winzling verfügt über einen gestreckten Körper mit einem langen schlanken Schwanzstiel. Das große Auge besitzt eine breite goldene Iris. Von der Oberlippe zieht eine goldene Längsbinde in die Basis der Schwanzflosse. Sie wird unterhalb von einem dunkelbraunen Band begleitet. Der Rücken ist rußig abgedunkelt. Von der Mitte der Bauchregion verläuft ein feiner dunkler Unterbauchstreifen zum hinteren Ende der sehr großen Afterflosse. Auf halber Länge zwischen Brust- und Bauchflossen erkennt man im dunkelbraunen Längsband ein rotes bis kirschrotes Mal. Weibchen sind ähnlich gefärbt. Ihre Afterflosse ist klein.
TEMPERATUR 23 bis 27 °C.
PFLEGE Der sehr seltene kleine Salmler sollte in weichem, leicht saurem Wasser gepflegt werden, wobei wegen der geringen Größe der Tiere eine gemeinsame Pflege nur mit ebenfalls kleinen, sehr friedlichen Mitbewohnern zu erfolgen hat. Nur bei absolutem Wohlbefinden zeigen die Zwerge ihre intensive braune und goldene Färbung mit dem kirschroten Fleck.
FÜTTERUNG Wie bei *N. digrammus*.

Dreibinden-Ziersalmler
Nannostomus trifasciatus
Lebiasinidae

GRÖSSE Bis 5 cm.

VERBREITUNG Guayana-Länder sowie im Amazonas-Becken von der Mündung des Río Negro bis zur peruanischen Grenze (Tabatinga).

BESCHREIBUNG Diese Art gilt als die schönste ihrer Gattung. Von der Oberlippe bis in die Schwanzwurzel verläuft ein breites, blass goldgelbes Band, das ober- und unterhalb von schmalen schwarzbraunen Bändern begleitet wird. Der Rücken ist goldbraun. Die helle Bauchregion ist vom Bereich der Brustflosse bis zur Vorderkante der Afterflosse mit einem feinen Unterbauchstreifen gezeichnet. Außer den Brustflossen sind alle übrigen in der Basis leuchtend rot gefärbt, After- und Bauchflossen dazu hellblau gesäumt.Die fülligeren Weibchen zeigen keine so markante Färbung.

TEMPERATUR 23 bis 27 °C.

PFLEGE Der prächtige Ziersalmler soll in der Gruppe in weichem, leicht saurem Wasser gehalten werden. Nach der Eingewöhnung lassen sich die Tiere auch noch in neutralem Wasser bis 15 °dGH gut pflegen. Eine gemeinschaftliche Haltung mit anderen Arten soll auch bei diesen größeren Ziersalmlern auf wenige friedliche Arten beschränkt bleiben.

FÜTTERUNG Wie bei *N. digrammus*.

Einbinden-Ziersalmler
Nannostomus unifasciatus
Lebiasinidae

GRÖSSE Bis 6 cm.

VERBREITUNG Zentrales Amazonien um die Mündung des Río Negro.

BESCHREIBUNG Dieser schrägschwimmende Ziersalmler wird zum Teil noch zur Gattung *Nannobrycon* (heute ein Synonym) gestellt. Vom Maulwinkel bis an die Schwanzflossengabelung zieht ein breites tiefschwarzes Längsband. Darüber ist die obere Kopf- und Körperhälfte hell goldbraun gefärbt. Die Kehl- und Bauchregion bleibt weiß. Der untere Schwanzflossenlappen ist bei schönen Varianten sowie bei Wohlbefinden in einem unregelmäßigen Zeichnungsmuster schwarz, weiß und rot gefärbt. Eine besonders schöne Variante aus Guayana wurde unter dem Synonym „*N. ocellatus*" bekannt. Bei Männchen ist die etwas größere Afterflosse gerundet, bei den Weibchen kleiner und von dreieckiger Form.

TEMPERATUR 23 bis 27 °C.

PFLEGE Für die ruhigen und friedlichen Ziersalmler sollte eine Haltung im Artaquarium oder eine gemeinsame Pflege mit ebenso friedlichen Arten in weichem, leicht saurem Wasser gewählt werden. Die Fische halten sich bevorzugt in oberen Wasserschichten auf. Eine Schwimmpflanzendecke bietet den Tieren Schutz.

FÜTTERUNG Wie bei *N. digrammus*.

Brachsensalmler
Abramites hypselonotus
Anostomidae

GRÖSSE Bis 13 cm.
VERBREITUNG Amazonas- und Orinoco-Becken. Río Paraguay-Becken (mit Unterart *A. h. ternetzi*).
BESCHREIBUNG Dieser gebänderte Kopfsteher hat einen kräftigen, im vorderen Bereich sehr hohen Körper. Der Kopf ist sehr zugespitzt und mit einem kleinen, wenig eingeschnittenen vorderständigen Maul ausgestattet. Die Grundfärbung über Kopf und Körper ist golden bis messinggelb. Vom Nacken bis zum Ende des Schwanzstieles sind die Flanken mit acht dunkelbraunen bis schwarzen unregelmäßig begrenzten Querbinden gezeichnet. Die Bänderung läuft teilweise in die Rücken-, After- und Bauchflossen hinein. Geschlechtsunterschiede sind anscheinend nur bei der Beobachtung sowie im Vergleich mehrerer ausgewachsener Tiere festzustellen.
TEMPERATUR 23 bis 27 °C.
PFLEGE Gemäß ihrer Lebensweise in Trupps benötigen die recht großen und zuweilen untereinander unverträglichen Salmler geräumige Aquarien mit gut gefiltertem Wasser. An die Qualität des Wassers werden keine erwähnenswerten Anforderungen gestellt.
FÜTTERUNG Die vornehmlich in der Ufervegetation lebenden Fische nehmen neben den üblichen Futterarten auch gerne pflanzliche Kost.

Dreipunkt-Pyrrhulina
Pyrrhulina spilota
Anostomidae

GRÖSSE Bis 6 cm.
VERBREITUNG Peruanischer Amazonas nahe der Stadt Iquitos.
BESCHREIBUNG Auffällig bei den gestreckten Tieren ist die großflächige Schwanzflosse. Die Grundfarbe von Kopf und Körper ist goldorange. Vom Oberkiefer über die Augen bis hinter die Kiemendeckel zieht sich eine dünne unregelmäßige Binde. Die hintere Körperhälfte ist mit drei unregelmäßig gerandeten Flecken gezeichnet. Wie die Rückenflosse ist auch die Schwanzflosse im oberen und unteren Rand hellblau gesäumt. Männchen besitzen eine großflächigere Afterflosse als die etwas fülligeren Weibchen. Ähnlich: *P. vittata*.
TEMPERATUR 23 bis 27 °C.
PFLEGE Ideal ist ein großräumiges Aquarium mit gutem Pflanzenbestand. Die schwimmfreudigen Tiere sollten in einer Gruppe gepflegt werden. Sie stehen gern in der leichten Filterströmung. Weiches und leicht saures Wasser entspricht den natürlichen Lebensbedingungen. Wasser mit einer Gesamthärte bis 20 °dGH mit einem pH-Wert bis 7,0 wird aber auch noch toleriert.
FÜTTERUNG Jedes gute Futter wird gerne genommen.

Prachtkopfsteher
Anostomus anostomus
Anostomidae

GRÖSSE Bis 18 cm.

VERBREITUNG Unterer Amazonas (Brasilien) Guayana-Länder und Teile des östlichen Venezuelas (Río Orinoco), (Kolumbien ?).

BESCHREIBUNG Die Tiere besitzen einen gestreckten, spindelförmigen Körper mit einem langgezogenen spitzen Kopf und einem extrem oberständigen Maul. Von der Maulspitze bis in die Schwanzwurzel zieht ein breites dunkelbraunes Band mit gezackten Rändern, das ober- und unterhalb von einem hell goldgelben Band bis in die Schwanzwurzel begleitet wird. Im unteren Bauchbereich wie unterhalb des Rückenfirsts erkennt man jeweils ein schmaleres dunkelbraunes Band. Die Basis der Schwanzflosse sowie die Rückenflosse sind bei erwachsenen Tieren leuchtend rot gefärbt. Aus Venezuela kommen zuweilen auch Tiere, bei denen After- und Bauchflossen rot gefärbt sind.

TEMPERATUR 23 bis 27 °C.

PFLEGE Ihrer Größe angemessen benötigen die Tiere geräumige Aquarien. Werden nur wenige Tiere gehalten, können sie sich gelegentlich untereinander recht ruppig zeigen. In größerer Gruppe, vor allem aber artfremden Fischen gegenüber, sind diese Salmler recht friedlich. Weiches Wasser ist von Vorteil, doch werden auch noch 20 °dGH toleriert.

FÜTTERUNG Vergreifen sich gelegentlich auch an Pflanzen, wenn ihnen nicht genügend vegetarische Kost geboten wird.

Goldstreifen-Kopfsteher
Anostomus ternetzi
Anostomidae

GRÖSSE 16 cm.

VERBREITUNG Brasilien (Río Araguaia, Río Xingú), Guayana-Länder und unterer Río Orinoco (Venezuela).

BESCHREIBUNG Auch dieser Kopfsteher hat einen gestreckten Körper mit spitz zulaufendem Kopf und oberständigem Maul. Ein breites schwarzbraunes, beiderseits glattgerandetes Längsband erstreckt sich von der Maulspitze bis in die Schwanzwurzel, wo es in einem halbkreisförmigen Fleck endet. Das Band wird ober- und unterhalb von jeweils einem goldgelben schmalen Band begleitet. Rücken- und Bauchseite sind schwarzbraun gefärbt und mit Längsreihen goldgelber Strichpunkte gezeichnet. Sämtliche Flossen sind transparent. Die Geschlechter sind nur schwer zu unterscheiden. Bei gut genährten Tieren ist die Bauchlinie der Weibchen gewölbt.

TEMPERATUR 23 bis 27 °C.

PFLEGE Gleichartige Tiere verhalten sich untereinander, aber auch anderen Mitbewohnern im Aquarium gegenüber freundlich. Die Art benötigt geräumige Becken, stellt jedoch keine besonderen Pflegeansprüche. Aquarienpflanzen bleiben weitgehend unbehelligt, wenn kontinuierlich auch vegetarische Kost angeboten wird.

FÜTTERUNG Neben den bekannten Futterarten sollen Pflanzenkost wie überbrühter Spinat, Salat oder auch Gurkenstücke angeboten werden.

Punktierter Kopfsteher
Chilodus punctatus
Curimatidae

GRÖSSE Bis 9 cm.
VERBREITUNG Vom oberen Amazonas bis zum oberen Río Orinoco und in den Guayana-Ländern.
BESCHREIBUNG Dieser Kopfsteher hat einen mäßig gestreckten Körper. Die Rückenlinie steigt bis zur sehr großflächigen Rückenflosse steil an, um dann allmählich bis zum recht kräftigen Schwanzstiel abzufallen. Das große rote Auge sitzt auffällig weit vorn im spitz zulaufenden Kopf. Das kleine Maul ist vorderständig. Metallisch silbern schimmert die Grundfärbung von Kopf und Körper, und auf jeder der recht großan Schuppen erkennt man einen größeren, meist vertikal rechteckigen schwarzbraunen Punkt. Dadurch ergibt sich ein Muster aus gleichmäßig verlaufenden, längs ausgerichteten Punktreihen. Eine schmale Längsbinde kann vorhanden sein. Außer der mit einigen schwarz-braunen Flecken gemusterten Rückenflosse sind alle übrigen transparent.
TEMPERATUR 23 bis 27 °C.
PFLEGE Der friedliche, recht scheue Kopfsteher sollte in weitflächigen Aquarien mit feinkörnigem Sand-/Kiesbodengemisch und ausreichender Deckung gehalten werden. Die Tiere sind in größeren Gruppen sehr gesellig und bereits vielfach im Aquarium zur Fortpflanzung gebracht worden.
FÜTTERUNG Lebendfutter geeigneter Größe; nach Eingewöhnung Tiefkühl-, Flocken- und vor allem auch pflanzliches Futter.

Dreipunkt-Kopfsteher
Pseudanos trimaculatus
Curimatidae

GRÖSSE Bis 12 cm.
VERBREITUNG Von Venezuela und den Guayana-Ländern über den Río Negro bis zum Mato Grosso in unterschiedlichen Varianten.
BESCHREIBUNG Die Art wurde bis zur neueren Revision zur Gattung Anostomus gestellt. Sie wurde nun von Winterbottom (1980) als Gattungstyp *Pseudanos* übernommen. Der Körper ist spindelförmig und mit langem Schwanzstiel ausgestattet. Der spitze Kopf trägt ein nicht nur oberständiges, sondern stark aufwärts gerichtetes Maul, das die Tiere zuweilen zwingt, Futter vom Boden in Rückenlage aufzunehmen. Kopf-, Körper und Flossenfärbung sind mittelbraun, Unpaare und Bauchflossen mit kräftig roten Tönen. Drei runde Punkte markieren die Flanken, von denen der mittlere der größte ist. Gelegentlich erkennt man eine Querbänderung des Körpers.
TEMPERATUR 23 bis 27 °C.
PFLEGE In weichem bis neutralem Wasser. Die Tiere lieben es, im Trupp Algen von den Unterseiten der Blätter zu zupfen. Sonst wie Anostomus-Arten.
FÜTTERUNG Ähnlich wie bei *Anostomus-ternetzi* angegeben.

Schwarzschwingenbeilbauch
Carnegiella marthae
Gasteropelecidae

GRÖSSE Bis 3,5 cm.

VERBREITUNG Brasilien (oberes Amazonas-becken, Río Madeira), Venezuela (Umgebung von Caicara).

BESCHREIBUNG Die bei diesem Oberflächensalmler extrem ausgewölbte Brust-Bauchlinie wird von den Kiemen bis zum Schwanzstiel von einer schmalen schwarzbraunen Linie gezeichnet. Zusätzlich läuft ein schmales schwarzbraunes Längsband vom oberen Rand der Kiemendeckel zur Schwanzwurzel, das von einem darüberliegenden blassgoldenen Band begleitet wird. Der gesamte Unterkörper ist silberweiß und von vielen kleinen unregelmäßig verteilten schwarzbraunen Tüpfeln bedeckt. Die großen flügelartigen Brustflossen weisen ebenfalls diese Tüpfel auf. Alle übrigen Flossen sind transparent.

TEMPERATUR 23 bis 27 °C.

PFLEGE *C. marthae* gilt als sehr empfindlicher, aber friedlicher Schwarmfisch und ist nur mit ebenfalls sehr friedlichen Mitbewohnern zu halten. Dazu sollte das Wasser möglichst weich und leicht sauer sein. Die Tiere halten sich an den freien Stellen unter der Wasseroberfläche auf.
Achtung: Fische springen!

FÜTTERUNG Fein zerriebenes Flockenfutter, Artemia-Nauplien oder auch gesiebtes Tümpelfutter.

Glasbeilbauchsalmler
Carnegiella myersi
Gasteropelecidae

GRÖSSE Bis 2,5 cm.

VERBREITUNG Perú (Einzug des oberen Amazonas [Yurimaguas]).

BESCHREIBUNG Bei dieser Art ist der vorgewölbte Bauch von der Kehle bis zur Vorderkante der Afterflosse silbern und mit feinen, unregelmäßig verteilten dunkelbraunen Tüpfeln überdeckt. Die Schwimmblase ist im hinteren, glasartig durchscheinenden Körper deutlich erkennbar. Hinter den Kiemen beginnt ein dunkles schmales Längsband, das in der Schwanzwurzel endet. Sämtliche Flossen sind transparent. Der vorgewölbte Bauch wird durch ein schmales dunkles Band unregelmäßig und wenig markant gesäumt.

TEMPERATUR 23 bis 27 °C.

PFLEGE *C. myersi* ist der Kleinste unter den bekannten Beilbauchsalmlern. Trotz ihrer geringen Größe und ihres sehr zerbrechlichen Aussehens lassen sich die Tiere von erfahrenen Aquarianern gut pflegen. Die Pflege ist auch bei einer Gesamthärte von 7 °dGH und einem pH-Wert um 7,0 noch gut möglich, doch sollten als Mitbewohner nur kleine friedliche Fische gewählt werden.
Achtung: Tiere springen!

FÜTTERUNG Wie bei der vorgenannten Art angegeben.

Marmorierter Beilbauchsalmler
Carnegiella strigata
Gasteropelecidae

GRÖSSE Bis 4 cm.

VERBREITUNG Nördlich des Amazonas und in den Guayana-Ländern, aber auch im Río Purús.

BESCHREIBUNG Der stark vorgewölbte gesamte Unterkörper glänzt silbrig. Er wird durch ein stellenweise unregelmäßig unterbrochenes dunkles Band gesäumt. Vom hinteren Kiemenrand bis zur Schwanzwurzel verläuft eine dunkle, oberhalb von einer rotgoldenen Schuppenreihe begleitete Längsbinde. Von ihr ziehen sich, schräg nach vorn unten verlaufend, mehrere unregelmäßig kräftige Binden, die, zusammen mit einer braun marmorierenden Musterung, den Fischen zu ihrem deutschen Namen verhalfen. Die Brustflossen sind flügelartig verlängert.

TEMPERATUR 23 bis 27 °C.

PFLEGE Der marmorierte Beilbauch ist ein friedlicher Oberflächen-Schwarmsalmler, der gut in Gesellschaft mit anderen Friedfischen auskommt. Er liebt leicht bewegtes Wasser und hält sich gern an freien Stellen nahe einer Deckung auf.
Achtung: Die Tiere springen gerne!

FÜTTERUNG Fein zerriebenes Flockenfutter, Artemia-Nauplien und auch gesiebtes Tümpelfutter.

Gabel-Beilbauchsalmler
Carnegiella vesca
Synonym: C. strigata fasciata
Gasteropelecidae

GRÖSSE Bis 4 cm.

VERBREITUNG Unterer Amazonas, Guayana-Länder (Mazaruni River, Guayana).

BESCHREIBUNG Dieser Salmler hat eine silberweiße Grundfärbung über Kopf und Körper. Vom Kiemendeckelrand zieht sich eine dunkelbraune Lateralbinde zum Ende des Schwanzstiels, wo sie in einem vertikalen dunklen Band endet. Sie wird oberhalb von einer rotgoldenen Schuppenreihe begleitet. Der hintere Teil des Unterkörpers wird von einer ähnlich gefärbten Schuppenreihe gesäumt. In der Mitte des Unterkörpers erkennt man ein schräg nach vorn unten weisendes, keilförmiges Zeichnungsmuster. Sämtliche Flossen sind transparent und leicht gelblich.

TEMPERATUR 23 bis 27 °C.

PFLEGE Ein friedlicher, aber etwas empfindlicher Schwarmfisch, der höhere Ansprüche als seine Verwandten stellt. Nach Eingewöhnung aber gut zu pflegen. Liebt möglichst weiches und leicht saures Wasser. Fische springen, deshalb Aquarium gut abdecken!

FÜTTERUNG Ähnlich wie bei *C. strigata*.

Platin-Beilbauchsalmler
Thoracocharax securis
Gasteropelecidae

GRÖSSE Bis 9 cm.

VERBREITUNG Vornehmlich bekannt vom Einzug des mittleren und oberen Amazonas.

BESCHREIBUNG Dieser Salmler gehört zur derzeit bekannten größten Art unter den Beilbauchsalmlern. Vom hinteren Kiemenbereich zieht ein glänzendes graublaues Längsband bis zur Schwanzflossenwurzel. Vom großbeschuppten Körper irisiert der Rücken zart grüngelb, der Unterkörper schillert platinweiß und je nach Lichteinfall glitzert der Körper wie fein poliertes Metall. Vom Unterkiefer bis zur Bauchrundung zieht sich ein schmales Band aus zarten feinen grauen Tüpfeln.

TEMPERATUR 23 bis 27 °C.

PFLEGE Entsprechend seiner Größe benötigt T. securis ein großflächiges, gut abgedecktes Aquarium mit stellenweise freier Wasseroberfläche. Die Tiere schwimmen liebendgern in bewegtem Oberflächenwasser, wobei sie gelegentlich weite Sprünge machen können! Ein friedlicher Schwarmfisch, der keine nennenswerten Ansprüche an die Wasserwerte stellt. Tiere springen.

FÜTTERUNG Jedes Futter, das bewältigt werden kann, wird willig genommen.

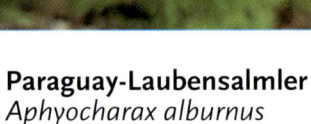

Paraguay-Laubensalmler
Aphyocharax alburnus
Characidae

GRÖSSE Bis 7 cm.

VERBREITUNG Südbrasilien, Paraguay.

BESCHREIBUNG A. alburnus ist sehr schlank und mit der genannten Länge wohl die größte der aquaristisch gepflegten Arten diesr Gattung.Hinter den Kiemendeckeln beginnt ein smaragdgrünes Längsband, das in der Schwanzwurzel endet. In der Färbung sind die Tiere beiderlei Geschlechts kaum voneinander zu unterscheiden. Bei den etwas intensiver gefärbten Männchen ist die Afterflosse tiefer eingeschnitten als bei weiblichen Tieren. Als Pfleglinge im Aquarium trifft man diese Art seltener an als andere Arten dieser Gattung.

TEMPERATUR 20 bis 26 °C.

PFLEGE Der friedliche Schwarmfisch liebt leicht bewegtes klares Wasser. Die Art gilt als anspruchslos und ausdauernd. Bei gedämpftem Licht tritt das grüne Längsband deutlicher hervor.

FÜTTERUNG Es wird alles gefressen, was bewältigt werden kann.

Venezuela-Laubensalmler
Aphyocharax erythrurus
Characidae

GRÖSSE Bis 7 cm.
VERBREITUNG Östliches Venezuela und Guayana (Rockstone).
BESCHREIBUNG Sehr gestreckte Gestalt. Die Grundfärbung über Kopf und Körper ist sandbeige. Eine grün und blau irisierende Längsbinde zieht sich von den goldgefleckten Kiemendeckeln bis zum Ende des Schwanzstieles, wo sie in eine blutrote Zone eintaucht, die sich über die Schwanzflossenbasis ausbreitet. Die obere Körperhälfte schimmert grünlich. In der vorderen Zone der unteren Körperhälfte erkennt man meistens eine orange und gelb gemischte Fleckung. Alle Flossen sind transparent. Die etwas kompakter wirkenden Weibchen können unwesentlich größer als die Männchen werden.
TEMPERATUR 23 bis 27 °C.
PFLEGE Die schnellen Schwimmer mögen geräumige Aquarien, deren Hintergrund reichlich bepflanzt ist. An die Wasserqualität werden keine gehobenen Ansprüche gestellt.
FÜTTERUNG Die Tiere nehmen fast jedes gute Futter, das ihrer Maulgröße entspricht.

Rotflossensalmler
Aphyocharax anisitsi
Characidae

GRÖSSE Bis 5 cm.
VERBREITUNG Nord-Argentinien, Paraguay.
BESCHREIBUNG Die Art ist *A. alburnus* sehr ähnlich, unterscheidet sich jedoch durch einen weniger schlanken Körper, eine geringere Körperlänge sowie eine intensivere Färbung. Die Unterscheidung der Geschlechter ist sicher nur bei erwachsenen, gut gepflegten Tieren möglich. Gegenüber den zierlichen Männchen zeichnen sich die Weibchen durch einen fülligeren Körper aus. Darüber hinaus zeigen die Männchen mehr Rot in der Afterflosse, was sich besonders bei höheren Wassertemperaturen zeigt.
TEMPERATUR 20 bis 26 °C.
PFLEGE Zeitweise können die aus südlicheren südamerikanischen Lebensräumen stammenden Tiere auch bei den üblichen Zimmertemperaturen gepflegt werden. Die Schwarmsalmler benötigen ausreichenden Schwimmraum und lassen sich dann gut in Gesellschaft pflegen.
FÜTTERUNG Allesfresser.

Schwanzflecksalmler
Aphyocharax paraguayensis
Characidae

GRÖSSE Bis 4 cm.
VERBREITUNG Südliches Brasilien, Paraguay.
BESCHREIBUNG Die schlanken Tiere sind in beiden Geschlechtern gleich gefärbt. Ihr Bauch ist hellsilbrig und die Körperseiten schillern je nach Lichteinfall grüngelb bis bläulich. Der Rücken ist grauoliv. Die Männchen zeigen eine kräftiger gefärbte Afterflosse: Ihre Vorderkante ist intensiver weiß und zudem stärker ausgezogen.
TEMPERATUR 20 bis 26 °C.
PFLEGE Auch diese Art stellt an den Pfleger keine besonderen Ansprüche. In weichem Wasser und bei höheren Temperaturen intensivieren sich die Farben. Die Schwarz-weiß-Zeichnung wirkt dann besonders markant. Der friedliche Salmler ist auch für das Gesellschaftsaquarium gut geeignet, aber besonders dann sollte er nur in größeren Gruppen gepflegt werden.
FÜTTERUNG Allesfresser.

Rubinsalmler
Aphyocharax rathbuni
Characidae

GRÖSSE Bis 5 cm.
VERBREITUNG Einzugsgebiet des Río Paraguay.
BESCHREIBUNG Es handelt sich um eine leicht hochrückige, seitlich etwas abgeflachte Art. Von dem friedlichen und farblich recht attraktiven Schwarmfisch kennt man mehrere Farbvarianten, die sich vor allem in der Färbung der Rottönung der unteren hinteren Körperzone einschließlich der Schwanzflossenbasis unterscheiden. Die Differenzierung der Geschlechter ist relativ einfach: Neben der genannten Rotfärbung zeigen die Männchen Schwarzfärbung in der Basis der Afterflosse sowie milchweiße Kanten in der After-, Rücken- und den Bauchflossen.
TEMPERATUR 20 bis 26 °C.
PFLEGE Die schwimmfreudigen Schwarmsalmler sind sehr anpassungsfähig und stellen keine erwähnenswerten Ansprüche, so dass sie gut zu vergesellschaften sind.
FÜTTERUNG Allesfresser.

Daguasalmler
Astyanax daguae
Characidae

GRÖSSE Bis 4 cm.

VERBREITUNG Kolumbien (Córdova).

BESCHREIBUNG Der kleine Salmler besitzt einen hochrückigen eleganten Körper. Die Bauchregion glänzt gelblich bis silbrig. Der gesamte Rücken ist hellbraunoliv gefärbt. Über der Region der breit angesetzten Afterflosse befindet sich eine zart violette Körperpartie. Das große Auge besitzt einen silbrigen bis goldenen Ring. Sämtliche Flossen sind transparent.

TEMPERATUR 24 bis 27 °C.

PFLEGE Die insgesamt sehr zart und zerbrechlich wirkenden Tiere bereiten jedoch in der Pflege keine Probleme. Der friedliche Kleinsalmler sollte im Schwarm mit nur wenigen anderen friedlichen Begleitfischen gehalten werden. Nur dann kommen seine sehr zarten Pastellfarben voll zur Geltung. Die Vertreter dieser Art kommen in der Natur gemeinsam mit *Nematobrycon palmeri* vor und werden nur in geringen Zahlen als Beifang eingeführt.

FÜTTERUNG Jedes Futter geeigneter Größe wird genommen.

Mexikanischer Blinder Höhlensalmler
Astyanax jordani
Characidae

GRÖSSE Bis 9 cm.

VERBREITUNG Im Höhlensystem des Río Pánuco (Mexiko) im dortigen Bundesstaat San Luis Potosí (Cueva chica, an der Straße von Ciudad Valles in Richtung Tamazunchale, vor der Ortschaft Pujal im Einzug des Río Tampaón).

STATUS Zuletzt von Espinosa Pérez et al. (1993) zwar als Mitglied der artenreichen Gattung *Astyanax* weiterhin geführt, jedoch mit dem Status einer selbstständigen Art *A. jordani* und nicht mehr als eine Form von *A. fasciatus* oder als Unterart *A. fasciatus mexicanus* angesehen.

BESCHREIBUNG Der etwas plump wirkende Salmler zeigt über Kopf und Körper eine rosaweiße Tönung, bei der nur die Kiemenpartie kräftigere rosa Töne zeigt. Die Anlage der Augenhöhlen ist undeutlich zu erkennen, jedoch ebenfalls mit Schuppen bedeckt. Alle Flossen sind transparent.

TEMPERATUR 20 bis 24 °C.

PFLEGE Recht anspruchslos. Sollte jedoch in einem höhlenartig eingerichteten Artbecken gepflegt werden.

FÜTTERUNG Allesfresser.

Pfeffersalmler
Axelrodia stigmatias
Characidae

GRÖSSE Bis 3 cm.
VERBREITUNG Einzug des mittleren Amazonas, Río Madeira bei Porto Velho (Rondônia).
BESCHREIBUNG Die ursprünglich als *Hyphessobrycon* beschriebene Art hat einen nur mäßig hohen Körper. Die Grundfärbung ist ein helles Goldgelb. Im Bereich des gesamten Kopfes einschließlich der Iris zeigt sich bei Wohlbefinden ein intensives Orange. Die Bauchregion ist hell bis weiß. Auf der Schwanzwurzel befindet sich ein länglicher schwarzer Fleck, der darüber von einem gold- bis orangeroten Fleck begleitet wird. Bei älteren Tieren ist das Orangerot zu Gold verblasst. Die Vorderkante von Rücken-, After- und Bauchflossen ist cremeweiß. Alle übrigen Flossen sind transparent.
TEMPERATUR 23 bis 27 °C.
PFLEGE Der kleine Salmler ist friedlich und sollte wegen seiner geringen Größe nur mit ebenfalls sehr kleinen Friedfischen gemeinsam gepflegt werden. In weichem Wasser und bei gedämpfter Beleuchtung wirkt der kleine Salmler mit seinem Leuchtfleck besonders attraktiv.
FÜTTERUNG Gesiebtes Tümpelfutter, Artemia-Nauplien sowie fein zerriebenes Flockenfutter.

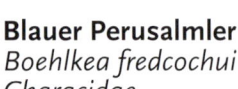

Blauer Perusalmler
Boehlkea fredcochui
Characidae

GRÖSSE Bis 5 cm.
VERBREITUNG Oberer Amazonas im Grenzbereich von Kolumbien und Perú.
BESCHREIBUNG Die Tiere verfügen über einen schlanken und gestreckten Körper. Ihr großes Auge ist hell gerandet. Die Bauchregion ist silberweiß. In zartem Olivgrün schillert die Nackenzone, eine Färbung, die sich bis in die unpaaren Flossen hineinzieht. Cremeweiß sind die Spitzen von Schwanz- und Rückenflosse. Vom Ansatz der Rückenflosse bis zum Schwanzstiel brilliert besonders die Flankenmitte, darüber hinaus der gesamte Unterkörper intensiv blau. Auf der Schwanzwurzel befindet sich eine kleine, rosafarbene Zone. Die Geschlechter sind nur schwer zu unterscheiden. Weibchen zeigen einen fülligeren Körper und werden geringfügig größer.
TEMPERATUR 23 bis 27 °C.
PFLEGE Der lebhafte und sehr schwimmfreudige Salmler sollte nur im größeren Schwarm gehalten werden. Gut gefiltertes und bewegtes Wasser ist für ihr Wohlbefinden wichtig. Randbepflanzung mit ausreichendem Schwimmraum gibt den Tieren die Möglichkeit, ihren Bewegungsdrang auszuleben. Bei gedämpfter Beleuchtung, weichem, nitratarmem Wasser und etwas Seitenlicht bietet der Schwarm einen prachtvollen Anblick.
FÜTTERUNG Jedes herkömmliche Futter in geeigneter Größe wird genommen.

Brittans Salmler
Brittanichthys axelrodi
Characidae

GRÖSSE Bis 3 cm.

VERBREITUNG Brasilien: Einzug des mittleren Río Negro (Río Itú, Río Xeriuni, Río Cuiuni, Río Caures).

BESCHREIBUNG Der etwas gläsern durchscheinende Salmler hat einen sehr grazilen, nur mäßig hochrückigen Körper. Seine kleinen Schuppen sind zart grau gerandet, so dass ein feines Netzmuster entsteht. Sehr schlank erscheint auch der Kopf mit den großen Augen. Je nach Stimmung sind die Analregion und der Schwanzstiel blutrot gefärbt. Der Schwanzstiel ist oben und unten mit einem feinen schwarzen Saum versehen, der sich in den äußeren Rändern der Schwanzflossenlappen fortsetzt. Bei der vom Autor (1965) beschriebenen anatomischen Besonderheit, wie man sie nur bei Vertretern dieser Gattung antrifft, handelt es sich um ein kompliziertes Hakenorgan der Männchen in den ersten vier Afterflossenstrahlen und einen S-förmig gekrümmten mittleren Schwanzflossenstrahl.

TEMPERATUR 23 bis 27 °C.

PFLEGE Soweit bisher festgestellt werden konnte, ist *B. axelrodi* ein sehr empfindlicher Salmler. Vorsicht beim Fangen und Transportieren! Er benötigt sehr weiches und leicht- bis mittelsaures Wasser. Zur Deckung werden dichte Pflanzenbestände mit Schwimmpflanzendecke empfohlen.

FÜTTERUNG Vgl. *Nannostomus digrammus*.

Zwergdrachenflosser
Corynopoma riisei
Characidae

GRÖSSE Bis 7 cm.

VERBREITUNG Kolumbien, nördliches Venezuela und die östlich vorgelagerte Insel Trinidad.

BESCHREIBUNG Der Körper ist schlank. Rücken- und Afterflosse der Männchen sind sehr breit und fahnenartig verlängert. Die äußere Kante des unteren Schwanzflossenlappens ist schwertartig verlängert. Die Männchen besitzen einen langen steifen Kiemendeckelanhang, mit dem sie die Weibchen zur Paarung locken. Die Tiere betreiben Vorratsbefruchtung. Weibchen setzen bereits befruchtete Eier an den Pflanzen ab. Die Anwesenheit eines Männchens ist dabei nicht mehr erforderlich.

TEMPERATUR 22 bis 28 °C.

PFLEGE Die schwimmfreudigen Salmler bevorzugen mittlere und obere Wasserregionen und verhalten sich dabei sehr friedlich gegenüber anderen Mitbewohnern. Leider werden diese in der Fortpflanzung interessanten Salmler nur selten gepflegt.

FÜTTERUNG Futteraufnahme bevorzugt in den oberen Wasserschichten. Allesfresser.

Trauermantelsalmler
Gymnocorymbus ternetzi
Characidae

GRÖSSE Bis 5 cm.
VERBREITUNG Bolivien, Brasilien, Paraguay.
BESCHREIBUNG Der hochrückige Salmler besitzt eine sehr auffällige große Afterflosse. Bei Jungtieren ist der Vorderkörper silbrig und mit zwei breiten schwarzen Streifen, die über der Bauchregion enden, gezeichnet. Der hintere Körper ist einschließlich der Rücken- und Afterflosse tief schwarz gefärbt. Mit zunehmendem Alter weicht die Schwarzfärbung einem Anthrazitgrau. Bei den zierlichen Männchen ist die Afterflosse leicht vergrößert. Weibchen sind etwas größer und ihr Körper ist fülliger. Vom Trauermantelsalmler existiert eine Schleierzuchtform, die zur Zeit häufiger angeboten wird.
TEMPERATUR 22 bis 26 °C.
PFLEGE Der Trauermantelsalmler gilt als wenig empfindlich. Die Tiere sind friedlich und zur Pflege im Gesellschaftsaquarium gut geeignet. Bei gedämpfter Beleuchtung und nicht zu hellem Bodengrund bleibt die Schwarzfärbung gut erhalten.
FÜTTERUNG Die Fische nehmen jedes Futter von geeigneter Größe willig an.

Kupfersalmler
Hasemania nana
Characidae

GRÖSSE Bis 5 cm.
VERBREITUNG Östliches bis südöstliches Brasilien (Becken Río São Francisco und Río Paraná).
BESCHREIBUNG Der gestreckte Salmler wird in beiden Geschlechtern etwa gleich groß. Die Art besitzt keine Fettflosse! Männchen zeigen bei Wohlbefinden eine intensive kupferrote Färbung. Außer den Brust- und Bauchflossen haben alle übrigen weiße Spitzen. Männliche Tiere zeigen in der Regel eine intensivere Weißfärbung der Afterflosse. Das Mittelfeld des Schwanzstieles ist schwarz und reicht bis tief in die Schwanzflosse hinein. Die fülligeren Weibchen zeigen die gleiche Färbung; ihre Grundfärbung ist jedoch nur gelblich bis hellbraun. Infolge der weiten Verbreitung über zwei große und voneinander differierende Fluss-Systeme sind recht unterschiedliche Farbvarianten bekannt.
TEMPERATUR 23 bis 27 °C.
PFLEGE Der lebhafte Salmler liebt saures, gut bewegtes Wasser. Die Art ist friedlich und gut für eine Haltung im Gesellschaftsbecken geeignet.
FÜTTERUNG Jedes herkömmliche Futter geeigneter Größe wird willig angenommen.

Bellottisalmler
Hemigrammus bellottii
Chraracidae

GRÖSSE Bis 4 cm.

VERBREITUNG Guayana-Länder und nördlicher Amazonas-Einzug, etwa bis Tabatinga.

BESCHREIBUNG Der Körper ist mäßig gestreckt. Vom oberen Rand der Kiemendeckel zieht ein rotgoldenes Längsband bis in die Schwanzwurzel. Oberhalb dieses Bandes hat der Körper die häufig angetroffene braunolive Tarnfärbung, wogegen die Bauchregion silberweiß getönt ist. Ab der Afterflosse zeigt der restliche Unterkörper eine graulive Färbung, diesmal jedoch mit rotgoldenem Glanz. Die obere Hälfte der Iris leuchtet beeindruckend rot. Die Flossen sind weitgehend transparent. Männliche Tiere sind schlanker; ihre Afterflosse ist in der hinteren Kante leicht konkav.

TEMPERATUR 23 bis 27 °C.

PFLEGE In den Guayana-Ländern trifft man die Tiere in fließendem Schwarzwasser an. Man soll ihnen daher im Aquarium am besten auch weiches, leicht saures Wasser anbieten. Es werden aber auch leicht abweichende Werte toleriert. Der Bellottisalmler ist für die Haltung in einem Gesellschaftsaquarium gut geeignet. Die Tiere kommen jedoch nur im Artaquarium oder im größeren Schwarm mit wenigen Begleitfischen anderer Arten bei gedämpfter Beleuchtung gut zur Geltung.

FÜTTERUNG Die Fische nehmen alle Arten guten Futters.

Blehers Rotkopfsalmler
Hemigrammus bleheri
Characidae

GRÖSSE Bis 4 cm.

VERBREITUNG Einzug des mittleren (Río Jufaris) und oberen (Río Uaupés) Río Negro.

BESCHREIBUNG *H. bleheri* ist schlank und gestreckt. Die Grundfarbe ist silbrig, in der Bauchregion weiß mit gelblichem bis grünlichem Glanz. Der Kopf, einschließlich der Iris, ist bei Wohlbefinden blutrot. Diese Rotfärbung zieht sich in Augenhöhe über den Kiemenrand bis in den Schulterbereich. Die Schwanzwurzel zeigt in der Mitte und jeweils oben und unten ein schwarzes keilförmiges Mal. Die Schwanzflosse ist in der Mitte und in den Lappen mit einem großen schwarzen Fleck gezeichnet. Der mittlere Fleck ist von den beiden äußeren durch ein weißes Band getrennt; die äußeren Flecken sind weiß gesäumt, die Flossenspitzen transparent.

TEMPERATUR 23 bis 27 °C.

PFLEGE Der Salmler ist friedlich und kann mit anderen kleineren friedlichen Mitbewohnern gemeinsam gepflegt werden. Seine prächtige Färbung zeigt er allerdings nur bei Haltung in ziemlich weichem und leicht saurem Wasser. Der lebhafte Schwimmer fühlt sich im Schwarm von etwa zwölf Tieren am wohlsten.

FÜTTERUNG Jedes Futter geeigneter Größe wird genommen.

Glühlichtsalmler
Hemigrammus erythrozonus
Characidae

GRÖSSE Bis 4,5 cm.
VERBREITUNG Guayana (Becken des Esse-quibo River, Erukin).
BESCHREIBUNG Kopf und Körper erscheinen grauoliv glasig, wobei Kehl- und Bauchpar-tie intensiv silberweiß schimmern. Von der Oberlippe durch die obere Iris bis zum Ende des Schwanzstieles zieht sich ein rotorange irisierendes Längsband, dem die Fische ihren deutschen Namen verdanken. Alle Flossen sind transparent und nur die Vorderkante der Rückenflosse zeigt eine kurze saumartige rotorange Färbung.
TEMPERATUR 23 bis 27 °C.
PFLEGE Ein früher beliebter Aquarienfisch, der heute leider zu wenig eingeführt wird. Die allgemein anspruchslose Art stellt zur Fortpflanzung einige Ansprüche an die Qualität des Wassers, weshalb man die Tie-re früher als „schwer zu züchten" ansah. Das hat sich aber heute durch den Einsatz moderner Wasseraufbereitungstechniken gebessert.
FÜTTERUNG Die Tiere nehmen jede maulge-rechte gute Futterart.

Schlusslichtsalmler, Laternenträger
Hemigrammus ocellifer Characidae

GRÖSSE Bis 4,5 cm.
VERBREITUNG Franz. Guayana, Brasilien, Argentinien.
BESCHREIBUNG Der hochrückige Salmler besitzt im oberen Bereich der Schwanzwur-zel, noch vor dem schwarzen Schwanzwur-zelfleck, einen leuchtenden Orangefleck, dem die Tiere ihren deutschen Populärna-men verdanken. Der Bauch ist grünlich bis silbern, der Rücken gelboliv. Je nach Her-kunft sind bei der Art leichte farbliche Unterschiede festzustellen. Bei den in der Aquaristik angebotenen Tieren handelt es sich jedoch überwiegend um osteuropäi-sche oder südostasiatische Nachzuchten, die im Erscheinungsbild mit den Tiere aus Französisch Guayana übereinstimmen.
TEMPERATUR 23 bis 27 °C.
PFLEGE Der sehr grazil wirkende Salmler soll möglichst in größeren Gruppen gepflegt werden. Die Art ist friedlich und für die Gesellschaft mit anderen kleinen friedli-chen Arten gut geeignet. In leicht saurem, von Torfextrakten bräunlich getöntem Was-ser in Verbindung mit gedämpfter Beleuch-tung kommt der Salmler gut zur Geltung.
FÜTTERUNG Jedes gute Futter wird genommen.

Rotmaulsalmler
Hemigrammus rhodostomus
Characidae

GRÖSSE Bis 4 cm.
VERBREITUNG Brasilien: Unterer Amazonaseinzug (Pará).
BESCHREIBUNG Der schlanke Körper dieses Salmlers hat eine silbrige Grundfärbung. Der Kopf ist bis zu den Kiemen bei Wohlbefinden blutrot. Die Schwanzwurzel hat oben und unten ein keilförmiges schwarzes Mal. In ihrer Mitte läuft ein schmaler schwarzer Streifen aus dem Mal bis zur Vorderkante der Afterflosse in den Körper. Die Schwanzflosse hat in ihren Lappen jeweils einen schwarzen Fleck, der vom Mittelfleck durch weiße Bänder getrennt wird. Die Flecke in den Lappen sind weiß gesäumt. Beide Flossenspitzen sind transparent. Männchen sind im Körper schlanker als die Weibchen.
TEMPERATUR 23 bis 27 °C.
PFLEGE Ein friedlicher Schwarmfisch, der sich in der Haltung als nicht schwierig erweist. Die lebhaften Schwimmer sollten im Schwarm von mindestens einem Dutzend Tieren gepflegt werden. Nur bei wirklichem Wohlbefinden in weichem und leicht saurem Wasser zeigen die Tiere ihre optimale Färbung und sind dann von der sehr ähnlichen vorher genannten Art *H. bleheri* zu unterscheiden.
FÜTTERUNG Jedes gute Futter wird willig genommen.

Karfunkelsalmler
Hemigrammus pulcher
Characidae

GRÖSSE Bis 4,5 cm.
VERBREITUNG Brasilien und Einzug des oberen Amazonas (Perú).
BESCHREIBUNG Der sehr kompakte Salmler ist im Erscheinungsbild *H. ocellifer* sehr ähnlich. Die Art wirkt jedoch viel robuster. Der untere Schwanzstiel ist schwarz und wird im oberen Teil von einem goldorangefarbenen, etwas schmaleren Streifen begleitet. Der Augenring leuchtet rotorange. Der Bauch ist milchweiß und der Rücken grauoliv. Auch von *H. pulcher* zeigen die Wildfangtiere je nach Herkunft leichte Farbunterschiede. Im Handel befinden sich neben Wildfangimporten zum größeren Teil auch Nachzuchttiere.
TEMPERATUR 23 bis 27 °C.
PFLEGE Der friedliche Salmler zeigt in weichem Wasser und bei gedämpfter Beleuchtung seine zarten Leuchtfarben besonders gut. Für die Pflege in Gesellschaft mit anderen friedlichen Arten ist *H. pulcher* gut geeignet.
FÜTTERUNG Die Tiere nehmen willig jedes Futter geeigneter Größe.

Flaggensalmler
Hemigrammus ulreyi
Characidae

GRÖSSE Bis 6 cm.

VERBREITUNG Brasilien, Paraguay (im Becken des Río Paraguay).

BESCHREIBUNG Der recht hochrückige Salmler zeigt ein schmales dunkles Längsband, das von einem ebenso schmalen, darüberliegenden goldenen Band begleitet wird. Die Längsbänder beginnen hinter den Kiemendeckeln und enden in der Schwanzwurzel. Im vorderen Viertel des Längsbandes befindet sich ein goldener Fleck, der beide Bänder unterbricht. In der vorderen Hälfte der Rückenflosse befindet sich ein gelbes Dreieck, das nach oben spitz zuläuft. Ihre Vorderkante ist schwarz, die der Afterflosse milchigweiß. Sonst sind die Flossen transparent. Weibchen dieser Art werden deutlich größer und fülliger als die eleganter wirkenden kleineren Männchen.

TEMPERATUR 23 bis 27 °C.

PFLEGE Die friedliche Art zeigt sich bei der Pflege recht tolerant. In möglichst weichem Wasser zeigen die Tiere jedoch wesentlich mehr Leuchtkraft in ihrer sonst eher bescheidenen Färbung. Haltung möglichst in einer größeren Gruppe.

FÜTTERUNG Jedes herkömmliche Futter geeigneter Größe wird angenommen.

Glühstreifentetra, Amapa-Salmler
Hyphessobrycon amapaensis
Characidae

GRÖSSE Bis 4 cm.

VERBREITUNG Nordöstliches Brasilien (Bundesstaat Amapá).

BESCHREIBUNG Der Salmler ist von mäßig hoher, zierlicher Gestalt. Hinter dem oberen Rand des Kiemendeckels befindet sich ein schwarzer, länglich gestreckter Schulterfleck. Von hier bis zum großen, ebenfalls schwarzen Schwanzwurzelfleck zieht sich eine intensiv leuchtende rote Längsbinde. Die Bauchregion ist hell und weißlich. Unterhalb des Glühstreifens irisiert der gesamte Hinterkörper von bläulich bis violett. Die Basis der Schwanzflossenlappen ist zart gelb getönt, sonst sind die Flossen transparent. Weibchen sind blasser gefärbt und im Körper deutlich fülliger.

TEMPERATUR 23 bis 27 °C.

PFLEGE Der prächtige und friedliche Salmler stellt an den Pfleger keine besonderen Ansprüche. Die derzeit noch seltenen Tiere sollen nur in Gesellschaft mit ähnlich friedfertigen Fischen in weichem und leicht saurem Wasser gehalten werden.

FÜTTERUNG Es wird jede Art gesunden Futters akzeptiert.

Calypsosalmler
Hyphessobrycon axelrodi
Characidae

GRÖSSE Bis 4 cm.

VERBREITUNG Trinidad und Venezuela (Einzug des Río Caroni, Kleingewässer um Maturin).

BESCHREIBUNG Der früher zur Gattung Megalamphodus gestellte Kleinsalmler zeigt über dem gesamten Körper eine blassrosa Färbung, wobei die Bauchregion von einem goldenen Glanz überlagert wird. Die schmalen Schwanzflossenlappen sind lachsrot. In der oberen Hälfte der Rückenflosse befindet sich ein cremeweiß gerandeter schwarzer Fleck. Bauchflossen und Afterflosse sind an der Vorderkante weiß gesäumt. Männliche Tiere sind etwas intensiver gefärbt als die fülligeren Weibchen.

TEMPERATUR 23 bis 27 °C.

PFLEGE In einem größeren Tümpel bei Maturin oberhalb des Orinoco-Deltas (Venezuela) kommen die Tiere bei 26 °C und einem pH-Wert von 6,5 und nicht nachweisbarer Härte im Schwarzwasser vor. Sie zeigten hier sehr intensive Farben, aber auch in neutralem Wasser mit einer Gesamthärte um 15 °dGH lässt sich der Calypsosalmler auch in Gesellschaft auf Dauer gut halten, dann allerdings ohne die intensive Färbung.

FÜTTERUNG Jedes Futter geeigneter Größe wird willig angenommen.

Sichelsalmler
Hyphessobrycon bentosi
Characidae

GRÖSSE Bis 5 cm.

VERBREITUNG Im peruanischen Einzug des Amazonas.

BESCHREIBUNG Diese hochrückige, prächtige Art wurde bisher als „*H. sp. robertsi*" in der Aquaristik geführt. Die Männchen besitzen eine sehr lang ausgezogene After-, dazu eine besonders lange, sichelförmig ausgezogene Rückenflosse. Dagegen ist die Rückenflosse der etwas kleineren Weibchen nur wenig hoch und gerundet. Zudem ist der weiße Rand der Flosse bei weiblichen Tieren deutlich breiter.

TEMPERATUR 22 bis 28 °C.

PFLEGE Der sehr lebhafte Schwarmfisch liebt weiches Wasser und benötigt ausreichenden Schwimmraum. Innerhalb des Schwarmes liefern sich die Männchen fast ständig imposante Kommentkämpfe, bei denen sie ihre prächtige Beflossung zeigen. Gelegentlich kann hierbei die eine oder andere Flosse einreißen, heilt jedoch bald wieder. Die Tiere sind friedlich und für jedes Gesellschaftsaquarium geeignet.

FÜTTERUNG Allesfresser.

Copelands Salmler, Federsalmler
Hyphessobrycon copelandi
Characidae

GRÖSSE Bis 4,5 cm.

VERBREITUNG Im Einzug des oberen und mittleren Amazonas.

BESCHREIBUNG Der Federsalmler ist von nur mäßig hoher Gestalt. Bei beiden Geschlechtern ist die Körpergrundfarbe zart rosa. Hinter den Kiemen in Höhe der Augen besitzen sie einen dunklen Schulterfleck. Es gibt Varianten, bei denen der Fleck nur sehr schwer zu erkennen ist. Die Bauchpartie ist heller gefärbt. Bei männlichen Tieren sind Rücken-, After- und Bauchflossen verlängert. Ihre Vorderkanten sind porzellanweiß gefärbt. Bei voll entwickelten Männchen zeigt die gespannte Rückenflosse die Form einer Feder (Name). Die Weibchen sind fülliger, ihre Flossen sind nicht verlängert. Der elegante Salmler wird leider nur selten eingeführt.

TEMPERATUR 23 bis 27 °C.

PFLEGE Die friedlichen Tiere sind gut für die Gesellschaft mit anderen Salmlern geeignet. Sie stellen keine erwähnenswerten Pflegeansprüche.

FÜTTERUNG Flocken- und Lebendfutter in geeigneter Größe.

Neblina-Salmler
Hyphessobrycon cf. epicharis
Characidae

GRÖSSE Bis 4 cm.

VERBREITUNG Vom SW des venezuelanischen Bundesstaates Amazonas (Neblina-Region: Río Baria; sowie San Carlos do Río Negro) über den oberen Río Negro sowie den Casiquiare-Kanal (Caño Manú) bis zum brasilianischen São Gabriel da Cachoeira (Río Cauaburi).

BESCHREIBUNG Der gesamte mäßig hohe Körper wie auch Rücken-, Schwanz-, After- und Bauchflossen leuchten lachsrot und ist nur in der Bauchregion heller gefärbt. Das sichelförmig ausgezogene obere Teil der Dorsale ist matt schwarz getönt. In Augenhöhe zeigen die Tiere einen Schulterfleck, der nach vorn unten wie auch nach oben hinten spitz ausgezogen ist. Weibchen sind im Körper fülliger und tragen keine verlängerte Rückenflosse. Die Art ist *H. sweglesi* sehr ähnlich.

TEMPERATUR 23 bis 27 °C.

PFLEGE Friedliche Schwarmsalmler. Gut zu vergesellschaften und auch für mittelhartes (besser nicht über 10 °dGH) und leicht saures Wasser geeignet.

FÜTTERUNG Nimmt jedes gute Futter geeigneter Größe.

Fahnen- oder Kirschflecksalmler
Hyphessobrycon erythrostigma
Characidae

GRÖSSE Bis 6 cm.
VERBREITUNG Im Einzug des oberen Amazonas (Perú).
BESCHREIBUNG Die Körpergrundfärbung der sehr hochrückigen Tiere ist ein helles Rosa. In Augenhöhe besitzen sie einen kirschroten Schulterfleck (Name). Bei den Männchen ist die Rückenflosse fahnenartig ausgezogen. Der obere Teil dieser Dorsale ist schwarz und zeigt einen schmalen weißen Saum. Die in der breiten Basis weißblaue Afterflosse ist, wie auch die Bauchflossen, im vorderen Teil deutlich verlängert. Bei den etwas kleiner bleibenden Weibchen fehlen all die genannten Verlängerungen der Flossen. Ihre Färbung ist ähnlich wie die der Männchen, zeigt sich jedoch weniger intensiv.
TEMPERATUR 24 bis 28 °C.
PFLEGE Diese recht großen Schwarmsalmler benötigen Aquarien mit dementsprechendem ausreichendem Schwimmraum. Zum Wohlbefinden sollte möglichst weiches Wasser geboten werden. Bei den im Fachhandel angebotenen Tieren handelt es sich immer um Wildfänge.
FÜTTERUNG Alles Trocken-, Frost- und Lebendfutter wird gern gefressen.

Blutsalmler
Hyphessobrycon eques
Characidae

GRÖSSE Bis 4 cm.
VERBREITUNG Südliches Brasilien; Paraguay.
BESCHREIBUNG Je nach Herkunft ist die hochrückige Art sehr unterschiedlich gefärbt. In der Aquaristik sind meist lachsrote bis intensiv dunkelrote Nachzuchtstämme verbreitet. Der schwarze Schulterfleck kann bei manchen Stämmen fast völlig fehlen. Männchen sind deutlich schlanker und intensiver gefärbt als die fülligeren Weibchen.
TEMPERATUR 22 bis 26 °C.
PFLEGE Sie ist bei dieser Art als recht einfach einzustufen. Der Blutsalmler ist ein lebhafter Schwarmfisch, allerdings ist die Art nicht immer friedlich. Zeitweise kommt es zu heftigen Beißereien untereinander, aber auch Tieren anderer Arten werden dann die Flossen zerbissen. Bei ausreichender ausgewogener Ernährung, auch mit pflanzlicher Kost, zeigt sich die prächtige Art jedoch meist friedlich.
FÜTTERUNG Allesfresser. Die erwähnte Pflanzenkost kann der Einfachheit halber als Flockenfutter gereicht werden.

Roter von Rio
Hyphessobrycon flammeus
Characidae

GRÖSSE Bis 4 cm.
VERBREITUNG Im mittleren Osten von
Brasilien.
BESCHREIBUNG Kleiner hochrückiger Salm-
ler. Die zierlichen Männchen bleiben deut-
lich kleiner als die etwas fülligeren Weib-
chen. Bei männlichen Tieren ist die hintere
Kante der dunkel gesäumten Afterflosse
gerade; das untere Ende ist leicht gerundet.
Bei den Weibchen ist die hintere Kante der
Afterflosse leicht konkav geschwungen und
unten deutlich zugespitzt. Männchen sind
insgesamt intensiver gefärbt.
TEMPERATUR 22 bis 28 °C.
PFLEGE Der friedliche Schwarmfisch stellt in
der Pflege keine besonderen Ansprüche.
Die Art ist gut für Gesellschaftsaquarien
geeignet. In weicherem Wasser zeigen die
Tiere intensivere Farben. Die im Fachhandel
angebotenen Tiere stammen fast ausschließlich aus Nachzuchten.
FÜTTERUNG Es handelt sich um Allesfresser.

Signalsalmler
Hyphessobrycon haraldschultzi
Characidae

GRÖSSE Bis 3,5 cm.
VERBREITUNG Brasilien, Ilha do Bananal
(Goiás).
BESCHREIBUNG Der gesamte, leicht hochrückige Körper ist glänzend kupferfarben
bis lachsrot; die Schwanzflossenlappen
sind etwas intensiver gefärbt und die
Bauchregion ist heller. In Augenhöhe zeigen
die Tiere einen kleinen Schulterfleck. In der
Rückenflosse erkennt man einen großen
lachsroten Fleck, der unterhalb und in der
Flossenspitze cremeweiß begrenzt ist. Die
Bauchflossen wie die Afterflosse sind
jeweils in der Vorderkante cremeweiß
gesäumt. Der helle goldene Augenring ist
mit einem dunklen Streifen gezeichnet.
Männliche Tiere sind schlanker als die
Weibchen.
TEMPERATUR 23 bis 27 °C.
PFLEGE Zur vollen Entfaltung seiner leuchtenden Färbung benötigt der Signalsalmler
sehr weiches Wasser mit einem leicht sauren pH-Wert (6,8 bis 6,6). In härterem wie
auch in nitratreicherem Wasser verblassen
die Farben zu einem Graurosa. Die Tiere
sind friedlich und sehr gut mit ähnlichen
Fischen zu halten.
FÜTTERUNG Jedes gute Futter geeigneter
Größe wird willig genommen.

Dreibandsalmler
Hyphessobrycon heterorhabdus
Characidae

GRÖSSE Bis 4 cm.
VERBREITUNG Im Einzug des mittleren und unteren Amazonas (brasilianische Bundesstaaten Amazonas und Pará).
BESCHREIBUNG Der Dreibandsalmler hat eine nur mäßig hohe Gestalt. Hinter den Kiemendeckeln beginnend zieht sich ein dreifaches schmales Band in den Farben rot, gold und schwarz bis in die Schwanzwurzel. Der gesamte Rücken zeigt die übliche tarnende grauolive Färbung, und die Bauchregion ist dagegen silbrigweiß. Sämtliche Flossen sind transparent. Die Vorderkanten von Rücken- und Afterflosse sind leicht cremeweiß gesäumt. Tiere beiderlei Geschlechts sind gleich gefärbt, Weibchen haben eine fülligere Bauchpartie.
TEMPERATUR 23 bis 27 °C.
PFLEGE Der friedliche Schwarmsalmler kann gut mit ähnlich friedfertigen Mitbewohnern gemeinsam gehalten werden. Er stellt keine nennenswerten Ansprüche, doch sollten die Tiere bevorzugt in nicht zu hartem, leicht saurem und nitratarmem Wasser bei gedämpfter Beleuchtung gepflegt werden.
FÜTTERUNG Die Tiere nehmen willig die meisten der angebotenen Futterarten.

Schwarzer Flaggensalmler, Schwarzer Neon
Hyphessobrycon herbertaxelrodi
Characidae

GRÖSSE Bis 4 cm.
VERBREITUNG Im Südosten von Brasilien.
BESCHREIBUNG Der kleine Salmler ist nur mäßig hochrückig. Männchen sind deutlich schlanker als die Weibchen. Die Vorderkante der Afterflosse ist bei männlichen Tieren intensiv cremeweiß gefärbt. Der grüne Leuchtstreifen kommt besonders bei gedämpfter Beleuchtung zur Geltung. Bei jungen Tieren ist die Unterscheidung der Geschlechter nicht einfach.
TEMPERATUR 22 bis 26 °C.
PFLEGE Der lebhafte Schwarmfisch wirkt vor allem in größeren Gruppen. In weichem Wasser fühlen sich die Tiere besonders wohl, aber auch in härterem Wasser bis 15 °dGH lässt sich der friedliche Salmler gut pflegen. Der Schwarze Neon ist friedlich und daher gut für Gesellschaftsaquarien geeignet.
FÜTTERUNG Die Fische nehmen jedes Futter in geeigneter Größe.

Schwarzer Phantomsalmler
Hyphessobrycon megalopterus
Characidae

GRÖSSE Bis 4 cm.

VERBREITUNG Zentrales Brasilien.

BESCHREIBUNG Die Männchen der sehr prächtigen Art besitzen eine lange, gekrümmt ausgezogene Rückenflosse. Bei Tieren beiderlei Geschlechts ist der Vorderkörper silbrig und mit einem schwarzen, senkrecht länglichen Schulterfleck gezeichnet. Bei diesen männlichen Tieren sind der Rücken sowie der gesamte hintere Körper und besonders die unpaaren Flossen schwarz gefärbt. Die Weibchen sind etwas kleiner. Ihre Rückenflosse ist nicht ausgezogen. Die Fettflosse ist rötlich; dazu sind weibliche Tiere insgesamt heller gefärbt. Selten sind im Fachhandel Wildfangtiere zu erhalten. Der Schwarze Phantomsalmler wird vor allem in Osteuropa und Südostasien gezüchtet. Früher systematisch zu Megalamphodus gestellt.

TEMPERATUR 23 bis 26 °C.

PFLEGE Der lebhafte Salmler ist mit Wasserwerten von etwa 15 °dGH und einem pH-Wert um 7,0 noch gut zu pflegen.

FÜTTERUNG Flocken- und Lebendfutter in geeigneter Größe.

Rio Meta-Salmler
Hyphessobrycon metae
Characidae

GRÖSSE Bis 4,5 cm.

VERBREITUNG Einzug des Río Meta in Kolumbien.

BESCHREIBUNG Die Art hat sehr große Ähnlichkeit mit *H. peruvianus*, den Ladiges 1938 vom oberen Amazonas (zwischen Tabatinga und Iquitos) beschrieb. Bei Wohlbefinden zeigt *H. metae* im Rücken eine lilabraune Färbung. Ein lilarotes Längsband zieht vom oberen Rand des Kiemendeckels zur Schwanzwurzel. Der Unterkörper ist matt lilaschwarz gefärbt, und vom unteren Kiemendeckel zur Schwanzwurzel zeigt sich eine mattweiße Region. Männchen sind schlanker und nicht leicht von den etwas fülligeren Weibchen zu unterscheiden.

TEMPERATUR 23 bis 26 °C.

PFLEGE Zur vollen Entfaltung benötigen die etwas scheuen friedlichen Salmler ein möglichst weiches Wasser und gedämpfte Beleuchtung. Gut in Gesellschaft zu pflegen.

FÜTTERUNG Lebend- und Trockenfutter in geeigneter Größe.

Blauroter Kolumbiensalmler, Panamasalmler
Hyphessobrycon cf. panamensis
Characidae

GRÖSSE Bis 5 cm.

VERBREITUNG Ostseite von Panamá (Río Boqueron). Eigener Fang (Bork) im Río Acantí in Nordwest-Kolumbien.

BESCHREIBUNG Wildfangtiere besitzen einen hochrückigen, seitlich stark abgeflachten Körper, dessen untere Hälfte in der Bauchregion weiße bis gelbliche Töne zeigt. Bei Tieren beiderlei Geschlechts brilliert der gesamte Oberkörper türkisfarben; Rücken- und Afterflosse sind orange, und die Schwanzflosse ist rot. Männchen sind etwas schlanker und zierlicher. In der Aquaristik sind ausschließlich Nachzuchttiere vorhanden, die meist aber sehr viel von der Schönheit der Wildfangtiere (Foto) verloren haben.

TEMPERATUR 24 bis 27 °C.

PFLEGE Gelegentlich etwas ruppig, aber in der Haltung anspruchslos. Zeigen im weichen, leicht sauren Wasser deutlich intensivere Farben.

FÜTTERUNG Es empfiehlt sich, sparsam zu füttern, da die Tiere gierig jedes gute Futter aufnehmen und als Folge mit zunehmendem Alter zur Verfettung neigen .

Zitronensalmler
Hyphessobrycon pulchripinnis
Characidae

GRÖSSE Bis 4 cm.

VERBREITUNG Im weiten Becken des Amazonas.

BESCHREIBUNG Der sehr hochrückige Salmler besitzt ein großes Auge, dessen Iris in der oberen Hälfte blutrot leuchtet. Im Bereich des Rückens herrscht ein tarnendes helles Graubraun vor. Die Bauchregion ist hellweiß mit gelblichem Glanz. Die sehr lang angelegte Afterflosse reicht bis an die Schwanzwurzel heran. Sie ist an der steil abfallenden Vorderkante breit zitronengelb gesäumt und zeigt im Verlauf nach hinten einen schwarzen Saum. Die Rückenflosse ist in der Spitze schwarz und gelb gesäumt. Weibchen sind im Körper kräftiger und ihre Afterflossenfärbung ist weniger intensiv.

TEMPERATUR 23 bis 27 °C.

PFLEGE In weichem, leicht saurem Wasser zeigt der Zitronensalmler seine aparte Färbung. Er lässt sich aber auch in härterem Wasser bis 20 °dGH noch halten, wobei allerdings die Farben stark zurückgenommen werden. Gut für die Haltung im Gesellschaftsaquarium geeignet.

FÜTTERUNG Jedes gute Futter geeigneter Größe wird willig genommen.

Rotrücken-Kirschflecksalmler
Hyphessobrycon pyrrhonotus
Characidae

GRÖSSE Bis 5 cm.
VERBREITUNG Einzug des mittleren Río Negro (Río Ereré).
BESCHREIBUNG Dieser prächtige Salmler besitzt einen recht hohen Körper. Männliche Tiere zeichnen sich durch eine fahnenartig verlängerte Rückenflosse aus. Sie ist im vorderen Bereich abwechselnd weiß, schwarz und wieder weiß gefärbt. Der gesamte Rücken zeigt eine attraktive Rotfärbung. Die Iris sowie der runde Schulterfleck sind vom gleichen Rot. Der Unterkörper zeigt helle weißgelbe Töne. Die sehr breit angelegte Afterflosse ist in der Basis grauweiß, ihr Rand dagegen anthrazitfarben gesäumt. Weibliche Tiere bleiben kleiner; ihnen fehlt zudem die ausgezogene Rückenflosse.
TEMPERATUR 23 bis 27 °C.
PFLEGE Der friedliche Salmler ist sehr gut für eine Haltung im Gesellschaftsaquarium geeignet. Er sollte jedoch stets im Schwarm gepflegt werden. An die Wasserqualität stellen die Tiere keine besonderen Ansprüche. Im freien Schwimmraum zeigen die Männchen oft ihre faszinierenden Kommentkämpfe.
FÜTTERUNG Jedes herkömmliche Futter von guter Qualität wird willig genommen.

Rosen- oder Schmucksalmler
Hyphessobrycon rosaceus
Characidae

GRÖSSE Bis 4 cm.
VERBREITUNG Guayana-Länder und NO-Brasilien.
BESCHREIBUNG Die hochrückige Art ist dem Sichelsalmler (*H. bentosi*) sehr ähnlich. Bei Wildfangtieren ist bei beiden Geschlechtern der obere Rand der Rückenflosse weiß gefärbt. Bei den im Fachhandel angebotenen Tieren handelt es sich überwiegend um asiatische oder osteuropäische Importe. Bei diesen Stämmen ist die Rückenflosse der Männchen oft nur noch schwarz. Vom Rosensalmler gibt es eine attraktive Zuchtform mit dem Handelsnamen „White Fin", bei der die Rückenflosse ausschließlich rosa und weiß gefärbt ist.
TEMPERATUR 24 bis 27 °C.
PFLEGE Die lebhafte Art gilt als nicht schwierig. Die Tiere sind sehr gut für das Gesellschaftsaquarium geeignet. Sie lieben weiches, leicht saures und vor allem nitratarmes Wasser.
FÜTTERUNG Es wird jede Futterart von geeigneter Größe angenommen.

Rosensalmler
Hyphessobrycon roseus
Characidae

GRÖSSE Bis 3 cm.

VERBREITUNG In den Guayana-Ländern, vornehmlich im Becken des Maroni-Flusses.

BESCHREIBUNG Der recht kleine Salmler besitzt eine leicht hochrückige Körperform. Die große Bauchregion ist zart golden getönt. Der Rücken schillert goldoliv. Vom Analbereich bis zur Schwanzwurzel ist der Hinterkörper zart rosa getönt. Tiere beiderlei Geschlechts besitzen einen großen dunklen Schulterfleck. Weibchen sind durch ihre fülligere Bauchpartie zu erkennen. Die im Handel erhältlichen Tiere stammen fast ausschließlich aus osteuropäischen oder südostasiatischen Züchtereien und weichen durch intensivere Rosafärbung erheblich von der Färbung der Wildfangtiere ab.

TEMPERATUR 24 bis 28 °C.

PFLEGE Der friedliche Schwarmsalmler stellt keine besonderen Ansprüche. Er ist für die Haltung in einem Gesellschaftsaquarium gut geeignet. Das setzt voraus, dass als Gesellschaft ebenfalls Tiere kleiner friedlicher Arten ausgewählt werden.

FÜTTERUNG Gefressen wird jedes herkömmliche Futter geeigneter Größe.

Falscher Sternflecksalmler
Hyphessobrycon simulatus
Characidae

GRÖSSE Bis 5 cm.

VERBREITUNG Französisch Guayana, Brasilien.

BESCHREIBUNG Die als *Pseudopristella* beschriebene Art ähnelt in Gestalt und Färbung *Pristella maxillaris*, dem „echten" Sternflecksalmler. Die Tiere dieser hier beschriebenen Art werden jedoch deutlich größer und sind durch einen größeren senkrechten Schulterfleck sowie durch die nur weiß gesäumte Vorderkante der Afterflosse zu unterscheiden. Weibchen sind im Körper fülliger als die etwas kräftiger gefärbten Männchen. Bisher war *H. simulatus* vorwiegend aus Frz. Guayana bekannt. Die Art ist dort stellenweise (Rivière Kourou) sehr häufig vertreten und lebt in gemischten Schwärmen mit *Copella sp.*

TEMPERATUR 23 bis 28 °C.

PFLEGE Entspricht der von *P. maxillaris*, wobei ebenfalls gilt, dass die Tiere kräftige Farben nur in weichem, leicht saurem Wasser zeigen. *P. maxillaris* und *H. simulatus* sind in Frz. Guayana stellenweise in schnell fließendem Schwarzwasser anzutreffen.

FÜTTERUNG Es wird alles gefressen, was bewältigt werden kann.

Socolofs Kirschflecksalmler
Hyphessobrycon socolofi
Characidae

GRÖSSE Bis 4,5 cm.

VERBREITUNG Im Einzug des Río Negro (Barcelos/Brasilien).

BESCHREIBUNG Dieser Kirschflecksalmler ist von hochrückiger aber gedrungener Gestalt. Vom Nacken bis zur Schwanzwurzel ist die obere Körperhälfte dunkelbeige bis olivbraun gefärbt. Neben der roten Iris sind ein kirschroter Schulter- sowie ein ebensolcher Schwanzwurzelfleck vorhanden. Geschlechtsunterschiede sind erst bei ausgewachsenen Tieren mit Sicherheit möglich. Bei Männchen ist die Rückenflosse etwas vergrößert, und in der Afterflosse überwiegt weißblaue Färbung. Die etwas fülligeren Weibchen zeigen in der Afterflosse einen höheren Rotanteil.

TEMPERATUR 23 bis 27 °C.

PFLEGE Der friedliche Schwarmsalmler sollte stets in größeren Gruppen gepflegt werden. Er ist für das Gesellschaftsaquarium geeignet. Nur in weichem und leicht saurem Wasser bilden die Tiere ihre interessante Rosa- und Rotfärbung voll aus.

FÜTTERUNG Jedes gute Futter geeigneter Größe wird genommen.

Kaffeebohnensalmler
Hyphessobrycon takasei
Characidae

GRÖSSE Bis 3,5 cm.

VERBREITUNG Brasilien (Amapá und Pará, Becken des Río Guamá).

BESCHREIBUNG Der leicht hochrückige Salmler besitzt eine graurosa Körpergrundfarbe, ebenso die Schwanz-, After- und Bauchflossen. Cremeweiß bis hellrosa sind After- und Bauchflossen gesäumt. Basis und Spitze der Rückenflosse zeigen hellrosa Töne, ihr Mittelfeld ist schwarzbraun. Vom Rücken bis in die Bauchregion zieht sich ein großer schwarzbrauner, senkrechtovaler Schulterfleck (Name). Männchen sind etwas kleiner und intensiver gefärbt als die fülligeren Weibchen.

TEMPERATUR 23 bis 27 °C.

PFLEGE Ein friedlicher Salmler für das Gesellschaftsaquarium. In einer größeren Gruppe wirken die Tiere durch ihren großen Schulterfleck besonders attraktiv. Bei einem pH-Wert um 7,0 und einer Gesamthärte um 15 °dGH lässt sich der Salmler noch pflegen, doch in weichem, leicht saurem Wasser zeigen alle Farben einen weichen, leicht cremefarbenen Ton.

FÜTTERUNG Alle Futterarten werden willig genommen.

Königssalmler
Inpaichthys kerri
Characidae

GRÖSSE Bis 4 cm.
VERBREITUNG Brasilien
(Mato Grosso/Río Aripuanã).
BESCHREIBUNG Der mäßig hochrückige Salmler besitzt einen stumpfen Kopf und für seinen kräftigen Körper ein recht kleinflächiges Flossenwerk. Von den Maulwinkeln durch die Augen bis in die Schwanzflosse hinein zieht ein breites schwarzblaues Längsband. Die obere Körperhälfte ist oliv, bei Weibchen mit leichtem Blauschimmer, bei Männchen mit intensivem blauviolettem Glanz. Die Bauchregion ist weiß bis weißgelb. Die kleine Fettflosse ist bei den Männchen hellblau, bei Weibchen orangefarben. Neben einer schwächeren Färbung zeigen Weibchen einen fülligeren Körper.
TEMPERATUR 23 bis 27 °C.
PFLEGE Ein friedlicher Schwarmfisch, der sich gut für eine Haltung im Gesellschaftsaquarium eignet. Wenn die Tiere auch Wasser bis zu 20 °dGH problemlos tolerieren, zeigen sie eine intensivere Färbung in weichem, leicht saurem Wasser.
FÜTTERUNG Feines Tümpelfutter, Artemia-Larven wie auch zerriebenes Flockenfutter.

Kleinschuppensalmler, Blauer Tetra
Mimagoniates microlepis
Characidae

GRÖSSE Bis 6,5 cm.
VERBREITUNG Küstennaher Regenwald im südöstlichen Brasilien (Rio de Janeiro).
BESCHREIBUNG Der gestreckte Salmler besitzt ein tief eingeschnittenes oberständiges Maul. Von den Kiemen zieht sich ein dunkelblaues Band verschmälernd in die Schwanzflosse hinein. Der Rücken ist oliv mit hellblauem Glanz, die Bauchregion weiß bis beige. Die Afterflosse ist in der Basis beige und trägt dazu einen breiten schwarzen Saum. Im hinteren Teil wird zeitweise ein hellblaues submarginales Band sichtbar. Weibchen sind fülliger und ihre Rücken- und Schwanzflosse ist weniger entwickelt.
TEMPERATUR 20 bis 25 °C.
PFLEGE Diese Salmler besitzen einen enormen Bewegungsdrang. Sie benötigen ein Aquarium mit ausreichendem freiem Schwimmraum sowie einer Hintergrundbepflanzung. Das Wasser soll klar, muss aber nicht besonders weich sein. Für ein Gesellschaftsaquarium muss berücksichtigt werden, dass sehr ruhige und weniger durchsetzungsfähige Fische nicht als Mitbewohner geeignet sind.
FÜTTERUNG Alle Futterarten werden gierig gefressen.

Collettisalmler
Moenkhausia collettii
Characidae

GRÖSSE Bis 3 cm.

VERBREITUNG Unteres Amazonasbecken (Óbidos/Pará), Guayana-Länder.

BESCHREIBUNG Mäßig schlanke Tiere mit silbriger Kopf- und Körpergrundfärbung, als deren auffälligstes Merkmal die rotorange-farbene Fett- und Schwanzflosse anzusehen ist. Bei Wohlbefinden ist der Körper von einem grünen Schimmer überzogen. Rückenfirst und Bauchkiel werden dann auf beiden Körperseiten von einem feinen schwarzen Saumband begleitet. Von der Oberlippe zieht ein kurzer breiter schwarzer Längsstrich zum hinteren Augenrand. Männchen sind etwas kleiner und schlanker als die Weibchen.

TEMPERATUR 23 bis 27 °C.

PFLEGE Der viel zu selten eingeführte hübsche Salmler ist ein guter Pflegling, der sich – im Schwarm gehalten – mit seinen Mitbewohnern durchweg gut verträgt. In weichem, leicht saurem und vor allem nitratarmem Wasser fühlen sich die Fische am wohlsten.

FÜTTERUNG Jedes gute Futter geeigneter Größe wird willig angenommen.

Scherenschwanz-Moenkhausia
Moenkhausia dichroura
Characidae

GRÖSSE Bis 5 cm.

VERBREITUNG In den Becken von Amazonas, Río Paraguay und Río Paranagua sowie in den Guayana-Ländern.

BESCHREIBUNG Der Körper ist nur mäßig gestreckt, die schönen Tiere erscheinen durchweg gläsern. Zart graugrün irisiert der Rücken. Die Bauchregion ist weiß. Je nach Lichteinfall können vom oberen Augenhinterrand bis zum Schwanzstiel silbergrüne Schuppenreihen in Form einer Längsbinde aufleuchten. Die tief eingeschnittene Schwanzflosse ist in den hinteren Lappen schwarz quergestreift und mit weißen Spitzen versehen. Alle übrigen Flossen sind transparent.

TEMPERATUR 23 bis 27 °C.

PFLEGE Ein friedlicher Schwarmfisch, der gut für ein Gemeinschaftsaquarium geeignet ist. Trotz ihrer relativ bescheidenen Färbung wirken die Tiere im Schwarm sehr attraktiv. Sie kommen in weichem und leicht saurem Wasser bei gedämpfter Beleuchtung gut zur Geltung.

FÜTTERUNG Die meisten Futterarten werden willig genommen.

Goldglassalmler
Moenkhausia melogramma
Characidae

GRÖSSE Bis 4,5 cm.
VERBREITUNG Im Einzug des oberen Amazonas (Perú).
BESCHREIBUNG Der hochrückige Salmler zeigt über den Flanken je nach Lichteinfall silbrige oder goldig glänzende Körperpartien. Die Bauchregion ist weiß. Bei Wohlbefinden sind zwei bleigraue Schulterflecke sichtbar. Die Augenringe irisieren gelb bis orangefarben. Bei den Männchen sind After- und Rückenflosse vergrößert und cremeweiß gesäumt. Weibliche Tiere sind insgesamt kleiner und schwächer gefärbt.
TEMPERATUR 23 bis 27 °C.
PFLEGE Der sehr aparte Salmler ist im Handel seltener zu finden. Die Art kommt bei einer Haltung in weichem Wasser und bei gedämpfter Beleuchtung sehr gut zur Geltung. Die Tiere sollten möglichst in einer größeren Gruppe und mit wenig dominanten Begleitfischen gepflegt werden.
FÜTTERUNG Die Tiere nehmen willig jede herkömmliche Futterart von geeigneter Größe.

Brillantsalmler
Moenkhausia pittieri
Characidae

GRÖSSE Bis 6 cm.
VERBREITUNG Venezuela (speziell in der Küstenregion).
BESCHREIBUNG Der hochgebaute Schwarmsalmler hat eine helle mausgraue Körpergrundfärbung, die im Bereich des Rückens sowie besonders über dem gesamten Hinterkörper goldfarbene Glanzschuppen zeigt. Die Bauchregion ist silbrig. Auffällig auch die rötlichen Augenringe. Ältere Männchen entwickeln sehr große Rücken-, After- und Bauchflossen. Außer den Brustflossen sind alle übrigen mausgrau und violett getönt. Im Gegensatz dazu zeigen weibliche Tiere keine Flossenvergrößerungen und bleiben allgemein bescheidener gefärbt. Geschlechtsreife Brillantsalmler sind äußerst attraktiv, wogegen Jungtiere noch wenig ansprechen.
TEMPERATUR 23 bis 28 °C.
PFLEGE Die prächtigen Schwarmsalmler sind nicht schwer zu halten. Zur vollen Entfaltung sollten sie jedoch in weichem Wasser bei gedämpftem Licht sowie in größeren Gruppen gehalten werden.
FÜTTERUNG Jedes Futter in geeigneter Größe wird willig genommen.

Regenbogen-Kaisersalmler
Nematobrycon lacortei
Characidae

GRÖSSE Bis 5 cm.
VERBREITUNG West-Kolumbien
(Río Calima).
BESCHREIBUNG Diese Art ist der folgenden in Körperbau und der Beflossung sehr ähnlich. Die Filamente in der Schwanz- und Rückenflosse ziehen jedoch meist nicht so zügig aus wie bei *N. palmeri*. Die Färbung von *N. lacortei* erscheint insgesamt etwas heller. Der hintere Körper wird, auch im Bereich des dunklen Längsbandes, von einer bläulich fluoreszierenden marmorartigen Zeichnung überlagert. Die Geschlechter lassen sich bei *N. lacortei* bereits recht früh unterscheiden: Die Männchen haben eine rote, die Weibchen eine blaue Iris.
TEMPERATUR 23 bis 27 °C.
PFLEGE Die Tiere gehören (wie auch *N. palmeri*) zu den ausgesprochen ruhigen und friedlichen Salmlern und stellen keine besonderen Pflegeansprüche. Sie sollten aber auch nur zusammen mit Tieren anderer ruhiger Arten vergesellschaftet werden.
FÜTTERUNG Von gutem Futter der herkömmlichen Sorten werden die meisten, soweit die geeignete Größe gereicht wird, willig angenommen.

Rotaugen-Moenkhausia
Moenkhausia sanctaefilomenae
Characidae

GRÖSSE Bis 7 cm.
VERBREITUNG Südlich des Amazonasbeckens (Río Parnahyba, Río Paraguay).
BESCHREIBUNG Dieser gedrungen wirkende Salmler besitzt einen mit großen Schuppen versehenen silbrigen Körper. Der Rücken ist grauoliv getönt. Das Auge besitzt einen großen roten Ring. Der kurze Schwanzstiel glänzt golden und ist zur Schwanzwurzel hin ebenso schwarz wie auch die Basis derselben. Alle Flossen sind transparent. Die im aquaristischen Handel angebotenen Tiere stammen fast ausschließlich aus Südostasiatischen Nachzuchten. Wildfangtiere sind dagegen seltener und können entsprechend ihrer weiten Verbreitung leichte farbliche Unterschiede aufweisen.
TEMPERATUR 23 bis 27 °C.
PFLEGE Der friedliche und aquaristisch weit verbreitete Schwarmsalmler stellt keine besonderen Haltungsansprüche und ist gut fürs Gesellschaftsaquarium geeignet.
FÜTTERUNG Jede Art von Futter wird willig angenommen.

Kaisersalmler
Nematobrycon palmeri
Characidae

GRÖSSE Bis 5 cm.

VERBREITUNG West-Kolumbien (Río San Juan, Río Atrato, Río Condoto, Río Tamana).

BESCHREIBUNG Der Kaisersalmler besitzt einen sehr kompakten Körper. Am hinteren Rand des Kiemendeckels beginnend zieht ein schwarzes Längsband bis in die Schwanzwurzel. Oberhalb dieses Bandes schillert der Körper blau, zum Rücken hin in violett-blau übergehend. Unterhalb des Längsbandes ist der Körper beigefarben. Die sehr breite Afterflosse ist, wie die Spitzen der Bauch- und Brustflossen, gelb gesäumt und besitzt ein schmales submarginales schwarzes Band. Der mittlere Strahl wie auch die äußeren Strahlen der Schwanzflosse sind, wie auch der vordere Strahl der Rückenflosse, filamentartig verlängert. Weibliche Tiere sind ähnlich gefärbt. Ihre Flossen sind jedoch nicht verlängert.

TEMPERATUR 23 bis 27 °C.

PFLEGE Die Tiere der Art sind sehr ruhig und friedlich. Sie halten sich gern in den ruhigen, etwas beschatteten Stellen des Aquariums auf. Gemeinsam möglichst nur mit ebenfalls ruhigen Mitbewohnern pflegen. Ansonsten kein besonderer Pflegeanspruch.

FÜTTERUNG Kaisersalmler nehmen willig jede gute Futterart.

Roter Neon
Paracheirodon axelrodi
Characidae

GRÖSSE Bis 4,5 cm.

VERBREITUNG Im Einzug des mittleren bis oberen Río Negro sowie des oberen Río Orinoco.

BESCHREIBUNG Die Tiere haben eine mäßig gestreckte Gestalt. Von der blauen Iris des Auges zieht ein leuchtendblaues Band, das vor dem Schwanzstiel im Bereich des Rückens endet. Der gesamte Unterkörper ist, vom unteren Rand der Iris beginnend, einschließlich des gesamten Schwanzstieles blutrot gefärbt. Im Bereich des Unterbauchs zeigt sich eine schmale weiße Zone. Rücken- und Afterflosse sind an der Vorderkante zart weiß gesäumt. Sämtliche Flossen sind transparent. Weibchen sind fülliger als die etwas kleineren Männchen.

TEMPERATUR 23 bis 27 °C.

PFLEGE Der prächtige Salmler liebt weiches, leicht saures Wasser sowie etwas gedämpfte Beleuchtung. Bei sehr guten Haltungsbedingungen verschwindet die weiße Zone am Unterbauch. Dann ist der gesamte Unterkörper blutrot. Nach Eingewöhnung ist die Pflege auch in härterem Wasser bis etwa 20 °dGH noch gut möglich. Die Tiere sind friedlich und im Schwarm für das Gesellschaftsaquarium geeignet.

FÜTTERUNG Jedes Futter geeigneter Größe.

Neonsalmler, Neontetra
Paracheirodon innesi
Characidae

GRÖSSE Bis 3,5 cm.

VERBREITUNG Östliches Perú, um die Stadt Iquitos und im Einzug des Río Putumayo.

BESCHREIBUNG Der Neonsalmler ist im Körper nur mäßig gestreckt. Die Iris des kleinen Auges leuchtet intensiv blau. Von ihrem oberen Rand beginnt ein himmelblau irisierendes Band, das sich, zum Ende hin stark verjüngend, zum oberen Schwanzstiel zieht. Der Rücken ist anthrazitfarben, der Unterkörper bis kurz vor der Afterflosse silberweiß. Ab dieser Flosse ist der Unterkörper einschließlich des gesamten Schwanzstieles leuchtend blutrot. Die Vorderkanten von Rücken- und Afterflosse sind cremeweiß gesäumt. Das Männchen ist deutlich schlanker und etwas kleiner als das Weibchen. Einige Zuchtformen im Handel.

TEMPERATUR 20 bis 25 °C.

PFLEGE Sehr friedlicher ruhiger Schwarmfisch, der für die Gesellschaft mit anderen friedlichen Fischen gut geeignet ist. Im Handel sind meist Nachzuchten vorhanden, die im Hinblick auf die Pflege sehr tolerant sind. Die Tiere sollten niemals zu wenigen, sondern stets im größeren Schwarm gepflegt werden.

FÜTTERUNG Jedes gute Futter geeigneter Größe wird willig genommen.

Blauer Neon
Paracheirodon simulans
Characidae

GRÖSSE Bis 3 cm.

VERBREITUNG Im Einzug des mittleren (Río Jufaris) und oberen Río Negro.

BESCHREIBUNG Der Blaue Neon ist im Körper gestreckter als sein Verwandter *P. innesi*. Das blaue Band geht von der ebenfalls blauen Iris aus und endet im mittleren Schwanzstiel. Der Rücken ist anthrazitfarben abgedunkelt, und die Bauchregion ist weiß. Das untere rote Band beginnt schwach und verläuft ab dem Afterflossenansatz intensiv leuchtendrot zum unteren Teil des Schwanzstieles. Dieser hat somit, von oben nach unten, drei Farbzonen: schwarz, blau und rot. Sämtliche Flossen sind transparent.

TEMPERATUR 23 bis 27 °C.

PFLEGE Dieser Neon ist etwas anspruchsvoller in der Haltung als die beiden übrigen hier beschriebenen Neonfischarten. Die Zwerge sollten nur mit ebenfalls kleinen friedlichen Arten gemeinsam gepflegt werden. In weichem Wasser mit einem leicht sauren pH-Wert erweisen sich die Tiere als ausdauernde und prächtige Pfleglinge.

FÜTTERUNG Gesiebtes Tümpelfutter, Artemia-Nauplien oder fein zerriebenes Flockenfutter.

Georgias Rotkopfsalmler
Petitella georgiae
Characidae

GRÖSSE Bis 5 cm.

VERBREITUNG Becken des oberen Amazonas in Perú (unterer Río Huallaga/Loreto-Distrikt). (Im Einzug des Río Branco ?).

BESCHREIBUNG Die Art wird etwas größer als die beiden ähnlichen Rotkopf- bzw. Rotmaulsalmler *Hemigrammus bleheri* und *H. rhodostomus*. Auf der Schwanzwurzel befindet sich nur ein keilförmiges schwarzes Mal. Die Schwarzzeichnung in der Schwanzflosse ist großflächig und mit relativ schmalen weißen Streifen getrennt. Die weißen Säume in den Schwanzflossenlappen bedecken fast die gesamten Flossenspitzen. Bei Wohlbefinden ist der Kopf blutrot. Die gattungsunterscheidenden Merkmale liegen im Bereich der Bezahnung.

TEMPERATUR 23 bis 27 °C.

PFLEGE Ein friedlicher Schwarmsalmler, der sich gut im Gesellschaftsaquarium halten lässt. Alle drei genannten Arten sollen möglichst in weichem, leicht saurem und nitratarmem Wasser gepflegt werden.

FÜTTERUNG Jedes Futter guter Qualität und geigneter Größe wird willig genommen.

Rotflossen-Galssalmler
Prionobrama filigera
Characidae

GRÖSSE Bis 6 cm.

VERBREITUNG Im Becken des Amazonas (Terra typica Pebas/Perú) sowie im Einzug von Río Paraguay und Río Uruguay (2 Formen).

BESCHREIBUNG Die Art besitzt einen sehr gestreckten, grazil wirkenden Körper. Bei den kleiner bleibenden Männchen ist das Filament der Afterflosse in der Regel länger ausgezogen. Die Weibchen zeigen eine deutlich fülligere Bauchregion. In der Färbung sind beide Geschlechter absolut identisch: Bei Wohlbefinden ist die Schwanzflosse blutrot gefärbt und der gläsern wirkende Körper schillert grüngelb.

TEMPERATUR 22 bis 27 °C.

PFLEGE Der friedliche, etwas scheue Schwarmfisch ist ein lebhafter Schwimmer. Er bevorzugt die mittleren bis oberen Wasserschichten, stellt keine besonderen Ansprüche und ist sehr ausdauernd. Leider wird diese schöne Art selten gepflegt.

FÜTTERUNG Die Futteraufnahme erfolgt vorzugsweise in den oberen Wasserregionen. Allesfresser.

Kyburz' Salmler
Pseudochalceus kyburzi
Characidae

GRÖSSE Bis 6 cm.
VERBREITUNG Kolumbien
(Río Calima, Río Cauca).
BESCHREIBUNG Kopf- und Körpergrundfarbe ist grauoliv. Hinter den Kiemendeckeln beginnt ein dunkelblaues unregelmäßiges Längsband, das mit einem Punkt in der Schwanzwurzel endet. Die Rückenpartie glänzt bläulich; die Bauchregion ist hell blaugrau. Oberhalb des Längsbandes zeigen sich, individuell unterschiedlich, rotbraune Flecke, die unterhalb des Bandes eher grauoliv gefärbt sind. Bei ausgewachsenen Männchen zieht die Schwanzflosse leicht aus. Ihre beiden Lappen sind an den Außenkanten leicht orangefarben und nach innen hin gelblich getönt. Die etwas kleineren Weibchen sind blasser gefärbt und ihre Schwanzflosse zieht nicht aus.
TEMPERATUR 23 bis 27 °C.
PFLEGE Die etwas ruppigen Salmler benötigen größere Aquarien (ab 100 cm), da sich erwachsene Männchen absondern und kleine Reviere errichten. Die Weibchen bleiben dagegen in der Gruppe. Die Art gehört zu den Haftlaichern und betreibt Brutpflege! Leider werden die Tiere meist nur als Beifänge eingeführt, zusammen mit *N. palmeri* und ähnlichen Arten.
FÜTTERUNG Die Tiere nehmen fast jedes Futter.

Sternfleck- oder Stieglitzsalmler
Pristella maxillaris
Characidae

GRÖSSE Bis 4 cm.
VERBREITUNG Venezuela, Guayana-Länder, Amazonas-Becken.
BESCHREIBUNG Kopf- und Körpergrundfarbe des hochrückigen Salmlers ist hell gelblich. Die Bauchregion ist weiß. In Höhe der Augen ist ein kleiner Schulterfleck vorhanden. Die transparente Rücken- und Afterflosse ist mit einem schmalen gelben und einem breiteren schwarzen Fleck gezeichnet. Die Spitzen beider Flossen sind schwach weiß. Gut gefärbte Tiere zeigen in der Schwanzflosse ein sattes Altrosa. In der Aquaristik sind überwiegend Nachzuchten vorhanden, die jedoch bei guter Pflege den Wildfängen farblich nicht nachstehen. Weibliche Tiere sind fülliger und zeigen weniger intensive Farben.
TEMPERATUR 23 bis 28 °C.
PFLEGE Der friedliche Salmler ist gut zu halten und für das Gesellschaftsaquarium zu empfehlen. Um ihre volle Färbung zur Geltung kommen zu lassen, müssen die Tiere in weichem, leicht saurem Wasser im Schwarm gepflegt werden.
FÜTTERUNG Die Fische nehmen jedes Futter geeigneter Größe.

Schrägschwimmer
Thayeria boehlkei
Characidae

GRÖSSE Bis 6 cm.
VERBREITUNG Meist vom oberen Amazonas eingeführt.
BESCHREIBUNG Der nur mäßig gestreckte Salmler schwimmt vorzugsweise in einem Winkel von etwa 20 Grad zur Körperlängsachse. Vom oberen Rand des Kiemendeckels zieht sich ein schwarzes Band über die Schwanzwurzel bis in die Spitze des unteren Schwanzflossenlappens, dessen Vorderkante elfenbeinfarben gesäumt ist. Das Band wird von einer darunterliegenden schmaleren goldgelben Binde begleitet. In der zartgrauen Rückenpartie zeigen sich je nach Lichteinfall mehrere unregelmäßig angeordnete Reihen goldener Glanzschuppen. Die untere Körperhälfte ist weiß mit goldenem Glanz. Bis auf die porzellanweiße Vorderkante der Afterflosse sind alle übrigen Flossen transparent.
TEMPERATUR 23 bis 27 °C.
PFLEGE Der friedliche und lebhafte Salmler sollte nur im Schwarm gehalten werden. An die Wasserqualität werden keine gehobenen Ansprüche gestellt. Für die Pflege im Gesellschaftsaquarium geeignet.
FÜTTERUNG Feines Lebendfutter oder zerriebenes Flockenfutter.

Tyttocharax sp.
Populärname noch nicht vorhanden
Characidae

GRÖSSE Bis 2,5 cm.
VERBREITUNG Perú.
BESCHREIBUNG Der Winzling besitzt einen nur mäßig gestreckten, eher gedrungen wirkenden Körper. Der Schwanzstiel ist dick. Die kielartige Bauchregion glänzt silbrig. Braunoliv mit nur wenigen Glanzschuppen zeigt sich die gesamte Rückenpartie. Vom hinteren Rand der Kiemendeckel bis in den Hinterkörper leuchten die Tiere hell- bis dunkelblau. Männchen besitzen eine knotenartige Drüse in der Schwanzflossenbasis. Der obere Schwanzflossenlappen ist stark vergrößert.
TEMPERATUR 22 bis 26 °C.
PFLEGE Der quirlige Zwerg sollte am besten im Artbecken gepflegt werden, doch heißt das nicht, dass die Tiere empfindlich seien. Sie lieben klares, gut bewegtes Wasser. Bei einer Gesamthärte um 10 °dGH und einem pH-Wert zwischen 6,5 und 7,0 zeigen die Salmler bei Seitenlicht eine phantastische Blaufärbung. Möglichst im Schwarm von 10 bis 15 Tieren zu halten.
FÜTTERUNG Gesiebtes Tümpelfutter, Artemia-Nauplien, feines Flockenfutter und Spirulina.

▶ **Grundausstattung**
  62–65

▶ **Technische Ausstattung**
  66–71

▶ **Pflanzen**
  72–76

▶ **Aquarium in Betrieb nehmen**
  77–80

▶ **Fische für das Aquarium**
  81–85

Mit Laub kann man den Bodengrund naturnah gestalten.

Das Becken

Der aquaristische Fachhandel hat Aquarien in bewährten Größe vorrätig, für die es auch gleich passende Abdeckungen mit Beleuchtung gibt.

Für die Größe des Beckens gilt: Je größer, desto besser. Je mehr Volumen, desto einfacher erhalten Sie ein stabiles biologisches Gleichgewicht. Außerdem können Sie ein solches Aquarium viel interessanter und natürlicher gestalten. Weiterhin spielt natürlich das Platzangebot in der Wohnung eine Rolle und, ganz wichtig, welche Arten und wie viele Fische Sie pflegen möchten. Die Mindestgröße von 60 cm Länge (Normbecken 60 x 30 x 30 cm – 54 Liter) sollte auf jeden Fall nicht unterschritten werden. Eine ideale Aquariengröße für die Pflege von Schwarmsalmlern liegt bei 100 bis 120 cm Länge (Normbecken z.B. 100 x 40 x 40 cm – 160 Liter). In Aquarien dieser Größe ist die Pflege fast aller im Fachhandel angebotenen Schwarmsalmler in angemessener Weise möglich.

Besatzdichte

Je mehr Raum den Fischen zur Verfügung steht, desto besser. Als Faustregel kann gelten: ein Liter Wasser pro ein Zentimeter Fisch. Wobei Sie berücksichtigen müssen, dass durch Einrichtungsgegenstände, Rückwand und Pflanzen einiges an Volumen verloren geht und ein fertig eingerichtetes 100-Liter-Aquarium keine 100 Liter Wasser enthält.

Standort

Ein Aquarium muss eben und stabil stehen. Gefüllt bringt es pro Liter Wasser mindestens ein Kilogramm auf die Waage. Der Aquarienunterbau und auch der Zimmerboden müssen dieses Gewicht tragen. Günstig ist ein Standort in einer eher dunklen Ecke des Zimmers. Direkter Sonnenlichteinfall auf die Scheiben fördert unerwünschtes Algenwachstum. Überlegen Sie sich den Standort genau, bevor Sie das Aquarium einrichten. Denn ist es einmal mit Wasser gefüllt, werden Sie es kaum mehr von der Stelle rücken können.

Ein Salmler-Aquarium ganz ohne Pflanzen. Auch im natürlichen Lebensraum gibt es viele Abschnitte ohne Bewuchs.

Aquarieneinrichtung

Bodengrund

Wichtig ist die sorgfältige Auswahl der Einrichtungsgegenstände. Als Bodengrund hat sich Quarzkies mit einer Korngröße von 2 bis 5 mm besonders gut bewährt. Eine noch feinere Körnung oder gar reiner Sand führen zu einer sehr hohen Bodenverdichtung und lassen kaum ein gutes Wachstum der Wasserpflanzen zu. Bei Bodengrund größerer Körnung ist zwar ein guter Pflanzenwuchs noch möglich, aber der sich natürlich im Aquarium bildende Mulm verschwindet in den Hohlräume des groben Grundes. Der Mulm ist nun zwar nicht mehr zu sehen, aber doch vorhanden und kann bei den regelmäßigen Pflegemaßnahmen nur sehr schlecht mit Hilfe eines Schlauches oder Mulmsaugers abge-

saugt werden. Dies führt nach einiger Zeit zu einer kompletten Verschlammung des Bodengrundes.

Wählen Sie einen dunklen Bodengrund. Die Fische fühlen sich über einer gedämpften Farbe wohler und zeigen viel prächtigere Farben.

Steine und Holz

Soweit Steine bei der Einrichtung verwendet werden, muss sichergestellt sein, dass es sich nicht um kalkhaltige Gesteine handelt, die das Aquarienwasser aufhärten. Ein einfacher Test: Tropfen Sie etwas Salzsäure auf – kalkhaltiges Gestein schäumt dann und darf nicht verwendet werden. Geeignet sind Quarzgestein, Schiefergestein (kein „Ölschiefer"!), Gneis und Granit. Aus optischen Gründen ist zudem wichtig, dass es sich nicht um Steine mit frischen Bruchkanten, sondern möglichst mit gerundeten, also älteren Bruchkanten, handelt. Außerdem können sich bodenlebende Fische wie z.B. Welse an den scharfen Kanten verletzen. Ideal sind Steine aus Flusslandschaften.

CHECKLISTE

Grundausstattung

- Aquarium – Mindestgröße 60 x 30 x 30 cm

- Rückwandmaterial für innen oder außen

- Bodengrund

- Dekomaterial: Steine und Wurzelholz

- Abdeckung mit Beleuchtung

- Filter mit allen Anschlüssen und Filtersubstrat

- Heizung oder Thermofilter

- Thermometer

- Mehrfachstecker

- Zeitschaltuhr

- Testreagenzien oder Messgerät für die Wasserwertebestimmung

- mehrere Kescher mit feinmaschigem Netz

- Schlauch für den Wasserwechsel (ca. 2 m lang)

- Eimer

- Mulmabsauger

- Magnetreiniger zum Entfernen von Algen auf den Scheiben

Espes oder Gebänderter Ziersalmler
Nannosotomus espei.

Wurzelholz sollte vor dem Einbringen in das Aquarium bereits intensiv gewässert sein. Hierdurch wird sichergestellt, dass sich das Holz voll Wasser gesaugt und keinen Auftrieb mehr hat. Weiterhin soll die Wurzel durch das Wässern auslaugen, damit sie später im Aquarium nicht zu stark ausfärbt. Letzteres gilt besonders für verschiedene tropische Hölzer, wie sie in den Fachgeschäften angeboten werden.

Am besten geeignet ist Moorkienholz, das durch lange Lagerung im Moor mit Wasser vollgesaugt und außerdem mit Huminstoffen imprägniert ist, so dass es auch nicht faulen kann. Um den Auftrieb zu verhindern, sollte man die Wurzel trotzdem etwas mit Steinen beschweren. Eine andere Möglichkeit ist, sie mit nicht rostenden Schrauben auf einer größeren Kunststoffplatte zu befestigen, die dann durch den Bodengrund beschwert wird.

Rückwand

In keinem Fall sollte man durch die gläserne Rückwand des Aquariums die Wohnzimmertapete sehen können. Es gibt mehrere Möglichkeiten, das zu verhindern.

Die einfachste ist eine Fototapete, die es im Zoofachhandel mit verschiedenen Motiven gibt. Sie wird einfach von außen auf die Rückwand des Beckens geklebt. Des Weiteren gibt es Kunststoffrückwände, die der Fachhandel für alle gängigen Beckengrößen anbietet. Sie werden vor dem Einfüllen des Wassers mit Silikonkautschuk ins Beckeninnere geklebt. Die dritte Möglichkeit ist eine fertig gestaltete Rückwand, die es in unterschiedlichen Ausführungen gibt. Auch sie wird von innen an die Rückseite des Aquariums geklebt. Eine eingeklebte Rückwand bietet zudem die Möglichkeit, mit Hilfe von Draht aus nicht rostendem Stahl Farne, Moose oder auch bereits mit Farnen oder Moosen bewachsene Wurzelstücke an ihr zu befestigen oder von oben herunter einzuhängen.

Heizstab

Intervallfilter

Kescher

Eine knorrige Wurzel bildet einen schönen Hintergrund für die Roten Neon Paracheirodon axelrodi.

Filterung

Für ein gut funktionierendes Aquarium ist ein auf die Größe des Beckens abgestimmter Filter sehr wichtig. Er hat drei Aufgaben zu erfüllen:

▶ **MECHANISCHE FILTERUNG** Feines Filtersubstrat entfernt trübende Schwebstoffe aus dem Wasser.

▶ **BIOLOGISCHE FILTERUNG** Das Filtersubstrat ist mit Bakterien besiedelt. Ihre Hauptaufgabe ist es, Stickstoffverbindungen – also die Ausscheidungen der Fische oder auch Futterreste – abzubauen. Die Bakterien bauen Ammonium in Nitrit und weiter in Nitrat ab. Dieses ist für die Fische relativ ungefährlich, muss aber über den regelmäßigen Teilwasserwechsel entfernt werden.

In einem neu eingerichteten Aquarium dauert es einige Zeit, bis sich ein ausreichender Bakterienrasen im Filter gebildet hat. Das Aquarium muss deshalb etwa zwei Wochen „einfahren", bevor die Fische eingesetzt werden. Eine Möglichkeit, die Besiedlung mit Bakterien zu beschleunigen, ist das Animpfen mit einer Bakterienkultur. Sie erhalten diese im Zoofachhandel.

▶ **UMWÄLZUNG** Der Filter bringt auch Bewegung ins Wasser. Dadurch wird z.B. die Aufnahme von Sauerstoff aus der Luft verbessert und die Wärme von der Heizung gleichmäßig über das Becken verteilt. Außerdem verhindert die gleichmäßige Umwälzung die Bildung einer Kahmhaut (Neuston) - dies ist

INFO

Filtersubstrate

▶ **PERLONWATTE** zum Zurückhalten von groben Verunreinigungen

▶ **SCHAUMSTOFF** Sehr feinporiger Schaumstoff eignet sich für die mechanische Filterung. Für die Besiedlung mit Bakterien müssen die Poren geöffnet und großlumiger sein. Es gibt fertige Filterpatronen aus Schaumstoff passend für die verschiedensten Filter.

▶ **LAVAKIES** ist porös und bietet eine sehr große Oberfläche für die Besiedlung mit Bakterien. Es gibt ihn in unterschiedlicher Körnung.

▶ **KUNSTSTOFFFÜLLKÖRPER** gibt es in den unterschiedlichsten Ausführungen. Manche haben eine für die Bakterien fast zu glatte Oberfläche.

▶ **TORF** wird nicht zur reinigenen Filterung eingesetzt, sonder um das Wasser anzusäuern.

▶ **AKTIVKOHLE** kann selbst molekulare Substanzen aus dem Wasser filtern und wird eingesetzt, um z.B. Medikamente zu entfernen.

Nur in klarem Wasser kommen die schillernden Farben der Salmler (hier Phenacogramus ansorgii) **gut zur Geltung.**

ein zusammenhängender Belag aus Mikroorganismen – an der Wasseroberfläche, die den wichtigen Gasaustausch zwischen dem Aquarienwasser und der Luft oberhalb des Wasserspiegels sehr beeinträchtigen würde. Selbstverständlich entbindet auch der beste Filter nicht von den erforderlichen Pflegemaßnahmen wie Teilwasserwechsel und das Absaugen des sich natürlich bildenden Mulmes.

Filtertypen

▶ **AUSSENFILTER** sind solche, die sich außerhalb des Aquariums befinden und deren Filtertopf mit einem Schlauchsystem für Zu- und Abfluss ausgestattet ist. Angetrieben wird er mit Hilfe einer Filterpumpe. Dazu gibt es Zubehör wie Schlauchklemmen, Absperrhähne, Trennkupplungen usw. Schlauchschellen sichern zudem die Anschlüsse. Je nach Größe des Aquariums

(Wasservolumen) und Standort des Filters (neben oder unter dem Aquarium) muss die Leistung der Pumpe (Liter pro Stunde und Druckhöhe) ausgelegt sein. Außenfilter gibt es zudem auch als Kombigeräte mit integrierter Heizung. Man kann dann auf die Installation einer Heizung verzichten. Der Nachteil ist aber, dass das ganze Gerät ausgetauscht werden muss, auch wenn nur eine Komponente ausfällt. Grüne Schläuche, wie sie von den meisten Herstellern zu den Außenfiltern mitgeliefert werden, verlieren mit der Zeit ihre Elastizität. Sie müssen dann ausgetauscht werden. Als Alternative bieten sich Silikonschläuche an, die zwar einen höheren Preis haben, aber länger elastisch bleiben.

▶ INTERVALLFILTER gehören ebenfalls zu den Außenfiltern. Sie bieten zusätzlich durch regelmäßige Durchspülung und Belüftung des Bakterienrasens beste Voraussetzung für die Arbeit der aeroben Abbaubakterien.

▶ INNENFILTER befinden sich im Inneren des Aquariums und arbeiten somit ganz ohne Schlauchverbindungen. Ihr Nachteil ist erstens die Optik: Man kann sie im Becken sehen. Zweitens müssen die meisten zum Reinigen aus dem Aquarium genommen werden. Das wirbelt Mulm auf und erschreckt die Fische. Ihr Vorteil ist dagegen der geringere Platzbedarf. Sie benötigen außerhalb des Beckens keinen weiteren Platz für den Filter. Zudem sind Innenfilter kostengünstiger.

Beleuchtung

Für fast alle im aquaristischen Fachhandel geführten Aquariengrößen sind jeweils passende Abdeckungen mit eingebauter Beleuchtung lieferbar. In der Regel sind diese mit Leuchtstoffröhren ausgestattet. Ihre Beleuchtungsstärke ist in der Regel für die Ansprüche der meisten Aquarienpflanzen ausreichend.

▶ LEUCHTSTOFFRÖHREN haben sich seit vielen Jahrzehnten für die Beleuchtung von Aquarien bewährt. Leider ist die Lebensdauer und vor allem ihre Leuchtkraft nicht von großer Nachhaltigkeit. Das Nachlassen der Leuchtkraft ist mit dem menschlichen Auge kaum feststellbar. Um die Aquarienpflanzen ausreichend mit Licht zu versorgen, sollten die Röhren unabhängig von ihrer wirklichen Lebensdauer möglichst alle neun Monate, spätestens jedoch jährlich erneuert werden. Tauschen Sie nicht alle Röhren gleichzeitig aus, sondern nacheinander über mehrere Wochen hinweg.

▶ METALLDAMPFLAMPEN Für offene, ohne Abdeckscheibe betriebene Aquarien bietet der Fachhandel spezielle, von der Raumdecke herabhängende Lampen an. Hierbei handelt es sich meist um moderne HQL-Lampen. Diese Beleuchtungen haben einen großen Abstand zur Wasseroberfläche und verfügen über eine relativ hohe elektrische Leistung. In der Regel werden größere Aquarien, in denen verschiedene Pflanzen über den Wasserspiegel hinauswachsen können, offen betrieben. Im gegebenen Fall sollte vor der Anschaffung eine gründliche fachliche Beratung (Wasserverdunstung, springende Fische usw.) in einer qualifizierten Zoofachhandlung eingeholt werden.

Die Rolle des Lichts

Für die Fische spielt die Beleuchtung des Aquariums keine sehr große Rolle – sie würden sich auch in einem dämmrigen Biotop wohl fühlen. Ganz wichtig ist dagegen das

Mehr als ein Aquarium... Für ausreichend Licht sorgen die HQL-Lampen.

Licht für die Pflanzen. Um wachsen zu können, brauchen sie Licht als Energielieferant. Nur so können sie bei der Fotosynthese CO_2 und Wasser in Zucker und Sauerstoff umbauen. Da das Licht mit zunehmender Wassertiefe abnimmt, muss die Beleuchtungsstärke so groß sein, dass auch die Pflanzen am Grund des Aquariums noch genügend Licht abbekommen. Im Zoofachhandel werden Sie über die richtige Beleuchtung für Ihre Beckengröße beraten.

Beleuchtungsdauer

Da Salmler tropische Fische sind, sollte die tägliche Beleuchtungszeit der eines tropischen Sonnentages mit zwölf Stunden Helligkeit (6 bis 18 Uhr) entsprechen. Es ist daher am einfachsten, die Lampen mit einer elektrischen Schaltuhr zu kombinieren, so dass eine gleichmäßige Beleuchtungsdauer gegeben ist. Da die meisten Aquarianer tagsüber ihrer Arbeit nachgehen und auch am Abend noch Freude am lebendigen

Feuersalmler Hyphessobrycon amandae.

Aquarium haben möchten, kann man die
Schaltuhr zeitversetzt arbeiten lassen, etwa
von 11 bis 23 Uhr.

Heizung

Da Sie tropische Fische pflegen wollen, muss
das Aquarienwasser ständig auf einer
bestimmten Temperatur gehalten werden,
die über der normalen Zimmertemperatur
liegt. Salmler fühlen sich bei durchschnittlich
23 bis 27 °C wohl. Wie kann man nun das
Wasser erwärmen? Hierfür gibt es verschiedene technische Möglichkeiten:

▶ **FILTER MIT INTEGRIERTER HEIZUNG** Sie
wurden bereits besprochen.

▶ **HEIZSTAB** Ein Klassiker in der Aquaristik.
Er wird mit Hilfe von Saugnäpfen innen an
der Aquarienwand befestigt. Dem Heizstab
wurde oft seine Zerbrechlichkeit angelastet,
die aber meist daher rührte, dass beim Wasserwechsel der Stab nicht abgeschaltet wur-

de, im Trockenen weiterheizte und schließlich platzte. Statt des Glasmantels kann man
heute Heizer mit einer Metallhaut aus Titan
oder einem anderen rostfreien Metall erwer-
ben. Auch die Qualität der meist im Heizstab
integrierten Regler hat sich mit den Jahren
verbessert und ist nicht mehr so störanfällig.
Stabheizer gibt es in vielen Wattstärken, doch
sollte die Leistung des Heizstabes stets nur
so stark sein, dass seine Heizkraft ausreicht,
das Wasser von der Zimmertemperatur auf
die gewünschte Solltemperatur zu erwärmen.
Als Faustregel für die Heizleistung gilt: 0,3
bis 0,5 Watt pro Liter Wasser bei einer durch-
schnittlichen Raumtemperatur von 18–20 °C.
Die meisten Stäbe verfügen heute zudem
über eine Skala, auf der die gewünschte Temperatur direkt eingestellt werden kann.

Algen auf den Blättern der Pflanzen können darauf hindeuten, dass sich zu viele Nährstoffe (z.B. Nitrat) im Wasser befinden.

▶ **NIEDERVOLT-KABELHEIZUNG** Sie verkörpert die modernste Technik. Das dünne, mit einem widerstandsfähigen Silikon-Kaut-schuk-Mantel versehene Kabel ist biegsam, verrottet praktisch nicht und kann entweder mit Saughaltern oder (besser) direkt mit Sili-kon-Kleber vor der Ersteinrichtung auf dem gläsernen Aquarienboden befestigt werden. Mit Hilfe eines außen angebrachten Trafos wird der Strom auf eine niedrige Spannung gebracht und elektronisch gesteuert. Auf die-se Weise wird das Wasser an der untersten Stelle im Becken erwärmt, die Wärme steigt automatisch nach oben, und die Pflanzen bekommen – wie es die Literatur häufig heißt – sozusagen keine „kalten Füße".

▶ **HEIZMATTEN** müssen exakt unter das Aquarium passen und sind daher nur für Aquarien geeignet, die genau ihre Größe haben. Ein Problem gibt es auch, wenn eine solche Heizmatte kaputt geht. Unter einem gefüllten Aquarium kann man sie kaum mehr so einfach hervorholen.

Thermometer

Auch wenn die Regler und Thermostate an modernen Heizungen sehr zuverlässig arbei-ten und kleinere Temperaturschwankungen für die Fische keinesweg bedenklich sind, ist es doch sinnvoll, die Wassertemperatur regelmäßig mit einem Thermometer zu kon-tollieren. Man bemerkt so auch rechtzeitig einen Ausfall der Heizung .
Thermometer gibt es in den verschiedensten Ausführungen. Ein elektronischer Messfühler muss es nicht unbedingt sein. Ein Alkohol-thermometer, das man mit einem Saugnapf an der Aquarienscheibe befestigt, ist wohl die praktischste Lösung. Folienthermometer, die außen auf die Scheibe geklebt werden, sind weniger zu empfehlen, da sie zu ungenau sind.

Die lebenswichtige Aufgabe der
Pflanzen, die Sauerstoffproduktion,
ist hier deutlich zu erkennen.

Lebendiges Grün

Was ist ein Salmleraquarium ohne Pflanzen?
Für das Wohlbefinden der Tiere ist ein
„Unterwassergarten" unerlässlich. Sie finden
hier Verstecke und Nahrung, und die Pflanzen sorgen für eine gute Wasserqualität. Und
nur vor einer üppigen Pflanzenpracht kommen die Fische wirklich zur Geltung. Man
darf aber nicht vergessen, dass es auch
größer werdende Salmler gibt, die sich überwiegend von pflanzlicher Kost ernähren (zum
Beispiel Scheibensalmler oder Geradsalmler). Diesen Fischen darf man deshalb nur

sehr hartblättrige Arten ins Aquarium setzen
(wie etwa die von *Anubias barteri* var. *nana*).
Die meisten in diesem Buch vorgestellten
kleinen Schwarmsalmler stellen für die Pflanzen aber keine Gefahr dar.

Die Rolle der Pflanzen
Die Pflanzen sind im Aquarium nicht nur
schmückendes Beiwerk, sondern spielen
auch eine wichtige Rolle bei der Aufrecht-
haltung der Wasserqualität. Bei der Fotosynthese nehmen die Pflanzen CO_2, das die
Fische bei der Atmung abgeben, aus dem
Wasser auf. Dafür geben sie für die Fische
lebensnotwendigen Sauerstoff in das Wasser

ab. Nebenbei nehmen sie auch noch Stoffe wie Nitrat auf, die für die Fische eher schädlich sind, den Pflanzen aber als Nährstoffe dienen.

Neben ihrem günstigen Einfluss auf die Wasserchemie sind die Pflanzen auch wichtig als Teil des Lebensraumes der Salmler. Sie dienen ihnen als Verstecke, und sie finden hier z.T. auch ihre Nahrung.

CO$_2$-Düngung

Der limitierende Faktor für die Pflanzen ist im Aquarium in der Regel das CO$_2$-Angebot. Bei ausreichender Beleuchtung verbrauchen die Pflanzen in kürzester Zeit das von den Fischen und Bakterien abgegebene CO$_2$ und beginnen dann zu kümmern.

Pflanzen gestalten den Lebensraum Aquarium.

Kohlendioxidgehalt (mg/l)
ermittelt aus Karbonathärte und pH-Wert (nach Krause)

Karbonathärte in °d	pH 6,4	pH 6,6	pH 6,8	pH 7,0	pH 7,2
2	25	16	10	7	4
4	50	32	**20**	13	8
6	75	50	**30**	**20**	12
8	100	65	**40**	25	**16**
10	130	80	50	**32**	20
12	150	100	60	40	**24**
14	180	115	70	45	**28**
16	200	130	80	50	32
18	230	145	90	58	36
20	250	160	100	65	40

mittlere Zeilen = empfohlener Härtebereich
fett = optimaler CO$_2$-Gehalt
Beispiel: Gemessen werden 6 °d und pH 6,8. Das Wasser enthält also 30 Mg CO$_2$ pro Liter.

Glossostigma elatinoides – **mit 2 bis 3 cm Wuchshöhe eine ideale Vordergrundpflanze.**

Anubias barteri var. nana – **ihre harten Blätter wiederstehen auch den Pflanzenfressern unter den Salmlern.**

Die Lösung: CO_2-Düngung und damit gekoppelt eine kräftige Beleuchtung. Vor allem viele feinblättrige Arten sind sehr lichthungrig und benötigen entsprechend viel CO_2.

Die Technik

Bis in die 1970er Jahre galt CO_2 als Fischgift und man riet allgemein, es mit Hilfe einer kräftigen Strömungspumpe auszutreiben. Erst als die Pflanzendüngung mit Kohlendioxid als idealer Nährstoff für die meisten Aquarienpflanzen „entdeckt" wurde und die einschlägige Industrie sich der Sache annahm, verstand auch der Aquarianer, dass es mit Hilfe der neu entwickelten Geräte nun eine gute Möglichkeit gab, die Pflanzen mit diesem für sie wichtigen Grundstoff zu versorgen.
Das Kohlendioxid-Gas wird in kleinen Druckflaschen vertrieben. Dazu benötigen Sie eine Einrichtung zur Druckreduzierung (Druckminderer oder Nadelventil) und eine geeignete Diffusionseinrichtung. Lassen Sie sich im Fachhandel ausführlich beraten, welche Anlage für Ihre Zwecke die beste ist.

Puffersystem

Kohlendioxid und Wasser reagieren zu Kohlensäure ($CO_2 + H_2O > H_2CO_3$). Wie der Name „Kohlensäure" sagt, handelt es sich um eine Säure. Wenn Sie also CO_2 als Düngung ins Wasser leiten, beeinflussen Sie gleichzeitig auch den pH-Wert. Er wird niedriger, das Wasser also saurer.
Nun kommt ein weiterer Wert ins Spiel: Die Karbonathärte. Darunter versteht man alle im Wasser gelösten Salze (Hydrogenkarbonate) der Härtebildner Kalzium und Magnesium. Die Karbonathärte ist in der Lage, die durch CO_2-Düngung entstehende Kohlensäure abzupuffern, also den pH-Wert stabil zu halten. Je härter das Wasser, desto mehr CO_2 „verträgt" es, ohne dass sich der pH-Wert ändert. Gleichzeitig heißt das aber auch wieder, dass Sie, je härter das Aquarienwasser ist, um so mehr CO_2 zuleiten müssen, um es für die Pflanzen verfügbar zu halten. Es gibt Pflanzen, die auch in Hydrogenkarbonaten gebundenes CO_2 aufnehmen können. Dabei bleibt unlösliches Karbonat übrig und zeigt sich als weißer Belag auf den Blättern der Pflanzen.

Cabomba caroliniana, **die Carolina-Haarnixe, verlangt eine kräftige Beleuchtung und CO$_2$-Düngung, um üppig zu gedeihen.**

Vallisneria asiatica, **die gut bekannte Schraubenvallisnerie, ist eine recht anspruchslose Aquarienpflanze.**

Dieser enge Zusammenhang zwischen CO$_2$, Karbonathärte und pH-Wert macht deutlich, dass die CO$_2$-Dosierung sehr vorsichtig und zuverlässig geschehen muss.

Pflanzenarten

Aquarienpflanzen gibt es rund um die Erde. Bei genauerer Betrachtung ist die Bezeichnung „Aquarienpflanzen" ein Sammelbegriff für Sumpfpflanzen, die entweder während der Trockenperioden oberhalb des Wasserspiegels (emers) und demnach nicht ständig untergetaucht oder als „echte" Wasserpflanzen permanent untergetaucht (submers) leben. Viele der Sumpfpflanzen vertragen auch im Aquarium eine ständig submerse Lebensweise.

Mit Pflanzen gestalten

Den Fischen ist es zunächst gleich, welche Pflanzen wohin gesetzt werden. Ihnen dienen die Pflanzen als Verstecke, und da kommt ihnen eine dichte Bepflanzung gerade recht, gleichgültig, ob sie als schön gepflegt oder verwildert angesehen wird. Aquarienpflanzen gibt es in unterschiedlichen Farben, Größen und Wuchsformen. Es bleibt Ihrem Geschmack und Geschick überlassen, daraus einen schönen Unterwassergarten anzulegen, in dem sich auch die Fische wohlfühlen. Neben ihren Ansprüchen an Nährstoffen und Licht sollten Sie auch die Wuchsfreudigkeit der Pflanzen kennen. Je nach Größe und Wuchsform unterscheidet man Vorder-, Mittel- und Hintergrundpflanzen. Größere Pflanzen setzen Sie nach hinten und an die Seiten, kleinere in den Mittel- und Vordergrund und gestalten so eine natürlich wirkende Unterwasserlandschaft.

TIPP

Aquarienpflanzen vermehren

▶ **AUSLÄUFER** An den Enden von Wurzel-
ausläufern entwickeln sich Jungpflanzen.
So verdichtet sich der Bestand. Diese kleinen Pflanzen können abgetrennt und
versetzt werden, sobald sie vier bis fünf
Blätter haben.

▶ **ADVENTIVPFLANZEN** Unter Wasser
bilden sich an Blütentrieben statt Blüten
kleine Pflänzchen. Wenn sie kräftig genug
sind, kann man sie abtrennen und
einpflanzen.

▶ **STECKLINGE** Bei Stengelpflanzen, welche
die Wasseroberfläche erreicht haben und
darüber hinaus oder an ihr entlang wachsen, kann man die Triebe etwa auf der
Hälfte der Länge abtrennen und die Trieb-
spitze wieder einsetzen. Auf diese Weise
kann man den Bestand vermehren oder
alte, nicht mehr treibende Triebe ersetzen.

Mit Bambusstäben erzielen Sie sehr schöne Effekte
in einem Salmler-Becken.

Das Ziel: ein schön gestaltetes, reich bepflanztes Gesellschaftsbecken (hier mit Blauen Neon Paracheirodon simulans und Piabatetras Odontostilbe piaba.)

Aquarium einrichten

Im vorangegangenen Text haben Sie erfahren, was Sie alles für den Einstieg brauchen. Hier finden Sie nun Schritt für Schritt den Weg vom leeren Becken bis zum „fertigen" Aquarium, das bereit ist für seine Bewohner.

SCHRITT FÜR SCHRITT

1. Stellen Sie das Aquarium an den dafür vorgesehenen Platz auf einen festen und absolut ebenen Unterbau. Achten Sie darauf, dass sich in erreichbarer Nähe eine Steckdose befindet.
2. Installieren Sie nun, falls Sie sich dafür entschieden haben, die Kabelheizung am Aquarienboden. Falls Sie Silikonkleber verwenden, lassen Sie diesen gut trocknen.
3. Bringen Sie die Rückwand – innen oder außen – an.
4. Nun wird der Bodengrund zunächst gut gewaschen, bis das Waschwasser kaum mehr eine Trübung zeigt. Eine leichte Resttrübung verschwindet nach dem Einfahren des Aquariums.
5. Gestalten Sie den Boden leicht nach hinten ansteigend, wie Sie es unter dem Stichwort „Terrassenbau" nachlesen können. Wurzelholz und Steine bringen Sie so ein, dass sie direkt auf dem Aquarienboden liegen.
6. Endlich – das Wasser. Füllen Sie das Becken vorsichtig, ohne den Grund aufzuwirbeln, etwa zur Hälfte. Ein kleiner Teller, über den Sie das Wasser beim Einfüllen fließen lassen, verhindert ein starkes Aufwirbeln des Bodengrunds.

Ein frisch eingerichtetes Aquarium - noch ist das Wasser getrübt.

7 Jetzt können Sie die Pflanzen einsetzen

8 Füllen Sie das noch fehlende Wasser auf.

9 Installieren Sie nun den Filter und, falls Sie sich dafür entschieden haben, den Stabheizer. Nehmen Sie Filter und Heizung in Betrieb.

10 Setzen Sie nun die Abdeckung mit der Beleuchtung auf bzw. montieren Sie die HQI-Lampen und schließen Sie sie an Zeitschaltuhr und Stromversorgung an. Übrige elektrische Geräte einschalten.

11 Nun brauchen Sie noch etwas Geduld: Das Aquarium muss erst etwa zwei Wochen eingefahren werden, bevor Sie die ersten Fische einsetzen können.

Terrassenbau

Ideal für den Betrachter ist es, wenn der Bodengrund im Aquarium nach hinten leicht ansteigt. So vermitteln Sie den Eindruck räumlicher Tiefe. Die Erfahrung hat aber gezeigt, dass jeder angehäufte Hügel mit der Zeit von den Fischen wieder eingeebnet wird. Um dies auf Dauer zu unterbinden, ist es zweckmäßig, den Bodengrund zunächst leicht mit der Hand anzuböschen, und zwar so, dass im Bereich der Frontscheibe eine Bodengrundhöhe von etwa 5 cm verbleibt. Anschließend bauen Sie nach dem ersten Drittel der Gesamttiefe eine 6 bis 8 cm hohe Barriere aus Steinen, Steinholz oder Wurzel-

Bevor die Fische eingesetzt werden, müssen die Pflanzen anwachsen und die Wasserwerte stabil sein.

stücken. Diese Barriere kann ruhig in einem leichten Bogen verlaufen, und die Seiten können etwas näher an die Frontscheibe herangeführt werden. Bei der Gestaltung dieser Barriere ist es von großem Vorteil, wenn mehr Einrichtungsgegenstände als voraussichtlich benötigt vorbereitet werden, denn nicht alle Stücke lassen sich ohne Probleme richtig einpassen. Sicher muss die Barriere nicht an allen Stellen die gleiche Höhe haben. Viel wichtiger ist eine natürliche wie auch feste Lage aller eingebauten Einrichtungsstücke. Die feste und sichere Lage wird durch das Eindrücken in die Unterlage des Bodengrundes sowie entsprechendes Unter-

füttern von Hohlstellen und Verdichten des Bodengrundes durch Andrücken oder Klopfen mit der Hand sichergestellt.

Pflanzen einsetzen

Bevor die Pflanzen in den Boden kommen, werden sie überprüft. Übermäßig lange Wurzeln und beschädigte Blätter werden mit Hilfe einer Schere entfernt. Graben Sie dann ein kleines Loch in den Grund, setzen Sie die Pflanze hinein und schieben Sie das Loch wieder zu. Die Pflanzen dürfen nur so tief eingesetzt werden, dass der Wurzelhals noch zu sehen ist. Beginnen Sie mit den größeren Pflanzen für den Hintergrund und Seitenbe-

Nur in Wasser mit idealen Werten färben sich die Fische so prachtvoll aus (hier Afrikanische Großschuppensalmler Arnoldichthys spilopterus).

reich, erst zum Schluss bepflanzen Sie auch den Vordergrund. Sie können Aufsitzerpflanzen auch mit nicht rostendem Draht an der Rückwand oder einem Stück Wurzelholz befestigen.

Aquarium einfahren

Endlich steht es vor Ihnen: Ihr Aquarium – fertig eingerichtet, bepflanzt und die Technik ist in Betrieb. Nun müssen Sie aber immer noch ein bisschen Geduld haben. Das Aquarium muss erst „einfahren", das heißt, es muss sich erst ein stabiles biologisches Gleichgewicht einstellen, bevor Sie auch die Fische einsetzen können.

Letzte Resttrübungen werden in den ersten Tagen verschwinden. Viel wichtiger ist aber, stabile Wasserwerte im gewünschten Bereich (◉ S. 94) zu erlangen. Dafür muss sich zunächst eine entsprechend große Bakterienpopulation im Filter und im Boden bilden. Das kann gut drei Wochen dauern. Es gibt aber auch die Möglichkeit, diesen Prozess zu beschleunigen, indem Sie das Wasser mit Bakterienkulturen aus dem Zoofachhandel animpfen.
Messen Sie in diesen ersten Tagen und Wochen regelmäßig sämtliche Wasserwerte, damit Sie verfolgen können, wie sie sich einpendeln. Erst wenn die gewünschten Werte erreicht sind und stabil bleiben, dürfen die Fische einziehen.

Egal um welche Art es sich handelt: Die Fische müssen gesund sein!

Halbstrich-Schlanksalmler Pyrrhulina laeta.

Fische kaufen

Bereits die Anschaffung der Fische kann ein Erlebnis sein. Alles sollte aber gut vorgeplant werden, damit es am Ende keinen Ärger gibt. Zumindest gedanklich sollte daher ein Besetzungsplan aufgestellt werden. Ein Beratungsgespräch mit einem erfahrenen Aquarianer, gegebenenfalls ein Vereinsabend in einem örtlichen Aquarienverein, kann dabei ebenfalls recht hilfreich sein. Selbstverständlich müssen Größe und Anzahl der Fische mit

Blauer Kongosalmler *Phenacogrammus interruptus*.

Beim Kauf beachten

- Bauch nicht eingefallen, Futter wird gerne gefressen

- Intakte Flossen

- Kräftige Farben

- Keine Verletzungen, weiße Pünktchen (Ichtyo) oder Beläge auf der Oberhaut

- Gleichmäßiges Atmen, kein Luftschnappen

der Größe des Aquariums in einem (einigermaßen) biologischen Verhältnis stehen. Dazu ist es wichtig, sich nicht allein auf die derzeitige Größe der Fische im Händleraquarium zu verlassen, sondern man muss wissen, wie groß die Fische im ausgewachsenen Zustand werden. Außerdem müssen die verschiedenen Arten untereinander verträglich sein. Bedenken Sie, dass erwachsene Buntbarsche durchaus junge, schlanke Salmler – soweit sie eine maulgerechte Größe haben – gern einmal als „leckeren Happen zwischendurch" verspeisen.

Auch wenn es schwer fällt, sollte man vermeiden, zu viele Arten gemeinsam zu

Schwarzer Neon oder Schwarzer Flaggensalmler
Hyphessobrycon herbertaxelrodi.

Rotaugen- oder Regenbogen-Kaisersalmler
Nematobrycon lacortei.

pflegen. Ein Aquarium mit nur drei oder vier Arten, die Sie in größerer Stückzahl halten, wirkt in jedem Fall schöner als eines, das mit einem Sammelsurium von Tieren vieler verschiedener Arten besetzt ist. Von jeder Art der kleinen Schwarmsalmler sollten mindestens zehn bis zwölf Tiere zum jeweiligen Besatz gehören.

Transport der Fische
Von Ihrem Zoofachhändler erhalten Sie die ausgewählten Fische in einem Transportbeute. Sie sollten nun darauf achten, dass die Fische während des Heimtransports nicht zu stark auskühlen. Eine Isolierbox im Auto kann hier sehr hilfreich sein. Es muss auch kaum erwähnt werden, dass die Fische auf dem schnellsten Weg in ihr neues Zuhause gebracht werden sollten.

Fische einsetzen

Der Übergang in das für sie unbekannte Wasser – andere Temperatur, andere Wasserwerte – ihres neuen Aquariums soll für die Fische so schonend wie möglich ablaufen. Also bitte kein „Sprung ins kalte Wasser", sondern behutsames Eingewöhnen.

Der friedliche Segel-schilderwels Glyptope-richthys gibbiceps **wird bis zu 40 cm lang.**

Wie der Name sagt: Der Netz-Panzerwels Corydoras reticulatus **zeigt ein hübsches Netzmuster.**

SCHRITT FÜR SCHRITT

1 Zuhause angekommen, öffnen Sie den Beutel – das ist wichtig für den Gasaustausch – und hängen ihn vorerst einfach nur in das Aquarium.
2 Zunächst soll sich die Temperatur im Beutel an die des Aquarienwasser anpassen. Sie können das mit dem Thermometer überprüfen.
3 Dann füllen Sie in mehreren kleineren Schüben den Beutel mit Aquarianwasser. Nehmen Sie sich hierfür ca. 15 Minuten Zeit.
4 Nun können Sie die Neuankömmlinge aus dem Beuten ins Aquarium gleiten lassen.

Geeignete Gesellschaftsfische

Vielleicht möchten Sie nicht nur ein reines Salmler-Aquarium einrichten, sondern wollen gerne ein Gesellschaftsbecken. Eine Möglichkeit, die ich Ihnen hier empfehlen möchte, ist das „Südamerikabecken". Das heißt, Sie wählen als Gesellschaft für die Salmler Fische, die aus dem gleichen bzw. ähnlichen Lebensraum stammen. Das hat den Vorteil, dass alle Tiere im Becken sehr ähnliche Ansprüche an die Wasserqualität – weich und leicht sauer – haben.

Salmler bewohnen in der Regel die mittleren und oberen Wasserschichten. Als Mitbewohner eignen sich also besonders Fische, die die bodennahen Schichten bewohnen und außerdem friedlich und nicht räuberisch sind. Diesen Ansprüchen entsprechen in erster Linie südamerikanische Zwergbuntbarsche und Panzerwelse.

Panzerwelse

Die Gruppe der Panzerwelse ist in drei Gattungen unterteilt: *Aspidoras*, *Corydoras* und *Brochis*. In derselben Reihenfolge könnte man sie auch nach „klein", „mittelgroß" und „größer und bullig" gliedern. Ihre Pflege ist recht einheitlich: Sie wünschen sich das angesprochene weiche, leicht saure Wasser mit Temperaturen im Bodenbereich von 22 bis 25 °C. Panzerwelse sind gesellige Tiere

Mit dem Kakadu-Zwergbuntbarsch Apistogramma cacatuoides **kommt Farbe ins Aquarium.**

Aspidoras paucíradiatus **gehören zur kleinbleibenden Gattung der** Aspidoras**.**

und sollten nur als Gruppe gehalten werden. Panzerwelse sind anders als viele andere Welse tagaktiv, so dass sich ihr Verhalten gut beobachten lässt. Viele Aquarianer schätzen die „Aquarienmäuse" auch deshalb besonders, weil sie am Boden als „Resteverwerter" mit zur Sauberkeit des Wassers beitragen. Das soll aber nicht dazu verleiten, diese Tiere als „Müllschlucker" anzusehen. Auch sie brauchen ihre eigene artgerechte Nahrung, die auf den Boden absinkt.

Wenn Sie ein Aquarium mit über 100 cm Länge besitzen, können Sie statt der meist üblichen Aspidoras oder Corydoras auch Kaktus-welse (z.B. Pseudacanthicus leopardus) oder Segelschilderwelse (z.B. Glyptoperichthys gibbiceps) halten. Diese letztgenannten Tiere können zwar bis zu 40 cm groß werden, im Aquarium dauert dies aber Jahre.

Zwergbuntbarsche

Zwergbuntbarsche bringen Farbe und Leben ins Aquarium. Besonders interessant ist ihr Revier- und Brutverhalten. Dies Tiere werden nicht als Gruppe sondern am besten paarweise gehalten. Leicht zu pflegen und also bestens geeignet für ein Gesellschaftsbecken sind Apistogramma-Arten wie z.B. A. cacatuoides oder A. agassizii.

Auch ihre Ansprüche sind leicht zu befriedigen: Gestalten Sie für jedes Tier im Hintergrund eine kleine Steinhöhle als Rückzugsmöglichkeit. Als Futter bieten Sie fleischliche Kost wie z.B. Insektenlarven oder Artemia-Nauplien.

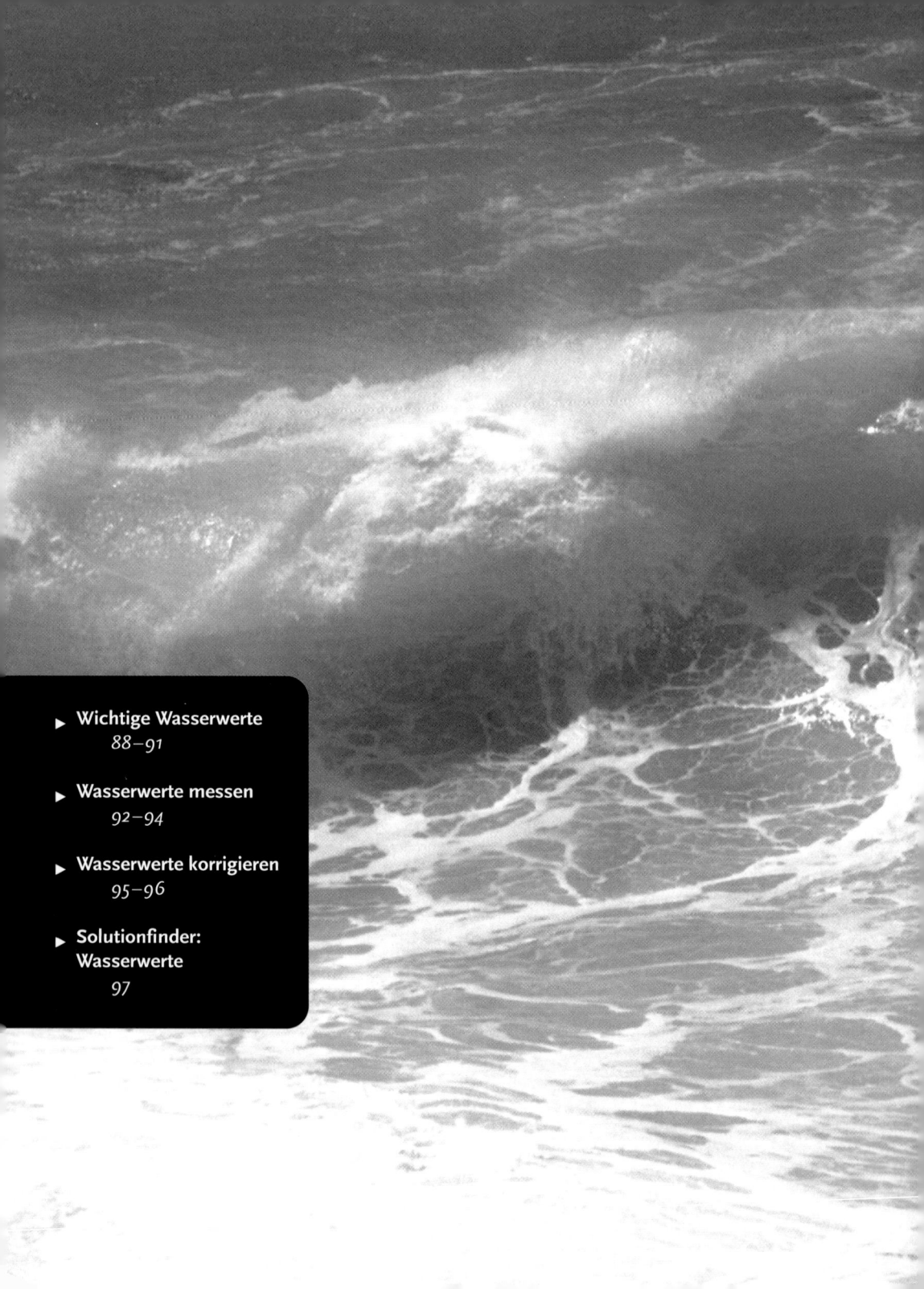

▶ **Wichtige Wasserwerte**
  88–91

▶ **Wasserwerte messen**
  92–94

▶ **Wasserwerte korrigieren**
  95–96

▶ **Solutionfinder: Wasserwerte**
  97

Wasser ist das Lebenselement der Fische. Seine Qualität ist ganz entscheidend für ihr Wohlbefinden. Deshalb genügt es nicht, das Aquarium einfach mit Wasser aus der Leitung zu füllen. Einige wichtige Faktoren und Werte müssen beachtet, regelmäßig kontrolliert und gegebenenfalls korrigiert werden. Das Ziel ist es, den Salmlern ein Wasser zu bieten, das dem ihres natürlichen Lebensraumes nahe kommt.

Sauerstoff

Alle tierischen Organismen brauchen Sauerstoff zum Leben. Fische atmen nicht Luft wie wir mit Lungen, sie nehmen den im Wasser gelösten Sauerstoff über ihre stark durchbluteten Kiemen auf.

Die Menge des im Wasser gelösten Sauerstoffs ist von der Temperatur abhängig. Je kälter das Wasser, desto mehr Sauerstoff kann sich darin lösen. Außerdem besteht ein Gleichgewichtszustand zwischen dem Sauerstoffgehalt in der Luft und im Wasser. Daraus ergibt sich eine temperaturabhängige Maximalmenge an gelöstem Sauerstoff, die im Wasser vorhanden sein kann. Bei 25 °C sind dies z.B. 8,11 mg Sauerstoff pro Liter.

Sauerstoffproduzenten

Wie bereits angesprochen ( S. 72), sind Pflanzen Sauerstoffproduzenten – auch im Aquarium. Sie nehmen das von den Fischen abgegebene CO_2 auf und wandeln es in Zucker und Sauerstoff um. Dies allerdings nur bei genügender Beleuchtung. In der Nacht atmen auch die Pflanzen, das heißt, sie nehmen selbst Sauerstoff auf und geben CO_2 ab. Für das Aquarium bedeutet dies, dass der Sauerstoffgehalt in der Nacht nicht

aufgrund der Atmung der Fische absinkt. Im Aquarium sollten deshalb genügend Pflanzen wachsen, die über den Tag so viel Sauerstoff produzieren, dass auch über die Nacht hinweg genügend vorhanden ist.

Wasserhärte

Unter Wasserhärte versteht man den Gehalt an bestimmten Mineralsalzen im Wasser, sogenannten Härtebildnern, die den meisten als „Kalk" geläufig sind. Wichtig für die Aquaristik sind die beiden Werte Gesamthärte und Karbonathärte. Die „Härte" kommt mit dem Leitungswasser in ihr Aquarium. Aber auch kalkhaltiges Deko-Gestein macht das Wasser härter. Verwenden Sie deshalb gerade für Weichwasserfische wie die Salmler keine solchen Steine (S. 63).

Gesamthärte
Der Gesamthärtegrad gibt an, wie viele Erdalkali-Ionen insgesamt im Wasser gelöst sind. Den größten Anteil daran machen die Kalzium- und Magnesium-Ionen aus, andere wie z.B. Natrium-Ionen werden bei den handelsüblichen Testsubstanzen nicht mit erfasst. Ionen, also gelöste Teilchen, können nur entstehen, wenn sich Salze im Wasser lösen. Zu den positiv geladenen Erdalkali-Ionen gehören immer auch negativ geladene „Partner". Dies sind hauptsächlich Karbonate und Hydrogenkarbonate, zu einem geringeren Teil aber auch Sulfate, Chloride oder Nitrate.

Das Wasser im natürlichen Lebensraum der Salmler ist weich und leicht sauer.

Nicht nur schmückendes Beiwerk – Pflanzen sind wichtig für ein gesundes Aquarienmilieu.

Karbonathärte

80 % der Kalzium- und Magnesium-Ionen sind an Karbonate und Hydrogenkarbonate gekoppelt. Die Karbonathärte gibt an, wie viel Karbonat und Hydrogenkarbonat im Wasser gelöst ist. Dieser Wert ist für Sie besonders wichtig, da er den pH-Wert puffert und auch den CO_2-Gehalt im Wasser beeinflusst. Genaueres hierzu lesen Sie im vorangegangenen Kapitel (⌾ S. 74).

pH-Wert

Der pH-Wert gibt Auskunft darüber, wie sauer oder basisch (alkalisch) das Wasser ist. Die Skala reicht von 0 – sehr sauer – bis 14 – stark basisch. Der Neutralpunkt liegt bei 7. Der pH-Wert basiert auf einer logarithmischen Skala. Eine Änderung des pH-Wertes um eine Stufe bedeutet eine zehnfache Konzentrationserhöhung der sauren bzw. basischen Stoffe. Eine pH-Änderung um zwei Stufen entspricht schon einer Erhöhung der Konzentration um das 100fache. Das zeigt, wie wichtig es ist, den pH-Wert möglichst konstant beim idealen Wert zu halten. Auch hier sei noch einmal das Zusammenspiel zwischen CO_2-Gehalt, Wasserhärte und pH-Wert erwähnt. Generell gilt, dass härteres Wasser stabiler ist, der pH-Wert also weniger schwankt. Für die Pflanzen ist aber ein höherer CO_2-Eintrag erforderlich (⌾ S. 73).

Glühlichtsalmler Hemigrammus erythrozonus.

Stickstoffverbindungen

Stickstoffverbindungen gelangen durch die Ausscheidungen der Fische ins Wasser oder wenn Mikroorganismen Futterreste abbauen. Bei der Verdauung werden Eiweiße schrittweise zunächst in Aminosäuren, dann in Peptide zerlegt und zu Ammonium abgebaut. Das Ammonium geben die Fische ins Wasser ab, wo es – vor allem aber im Filter – von aerob arbeitenden Bakterien zu Nitrit und weiter zu Nitrat abgebaut wird.

Ammonium

Ammonium ist an sich für die Fische nicht giftig. Den Pflanzen dient es sogar als Hauptnährstoff, sie entnehmen es direkt dem Wasser. Doch egal wie dicht das Aquarium bepflanzt ist, alles Ammonium können die Pflanzen niemals aufnehmen. Gefährlich für die Fische wird das Ammonium dann, wenn es je nach pH-Wert in giftigen Ammoniak übergeht. Daher muss es aus dem Wasser entfernt werden. Diese Aufgabe übernehmen die Abbaubakterien.

Nitrit

Nitrit ist die nächste Stufe im aeroben Abbau von Stickstoffverbindungen, der von den Filterbakterien durchgeführt wird. Nitrit ist für Fische hochgiftig und wird im nächsten Schritt durch die Bakterien unschädlich gemacht. Nitrit darf im Aquarienwasser nie in messbarer Konzentration vorliegen.

Nitrat

Nitrat ist das Endprodukt des aeroben Abbaus. Im Vergleich zu Ammonium bzw. Ammoniak und Nitrit ist es für die Fische relativ harmlos. Während eine Nitritkonzentration von 2 mg/l schon tödlich ist, wird Nitrat erst ab 100 mg/l gefährlich. Trotzdem soll sich Nitrat nicht im Aquarienwasser anreichern. In sehr nitratreichem Wasser, etwa ab Werten von 30 mg/l, vermehren sich Algen geradezu explosionsartig, da Nitrat für sie der ideale Nährstoff ist. Die einzige Möglichkeit, Nitrat aus dem Wasser zu entfernen, ist der regelmäßige Teilwasserwechsel.

Messen Sie zum Wohl der Fische auch im gut eingefahrenen
Aquarium regelmäßig die Wasserwerte.

Vertrauen ist gut,
Kontrolle unerlässlich

Ein Aquarium ist – leider – viel zu klein, als
dass sich darin ein natürliches Gleichgewicht
zwischen allen Bewohnern mit konstanten
Werten einstellen könnte. Deshalb bleibt es
Ihnen nicht erspart, regelmäßig die wichtig-
sten Wasserwerte zu kontrollieren. Dem
nebenstehenden Kasten können Sie die Ideal-
werte für Ihr Salmleraquarium entnehmen.
Schon vor dem Einsetzen der Fische müssen
diese Werte erreicht sein und stabil bleiben.

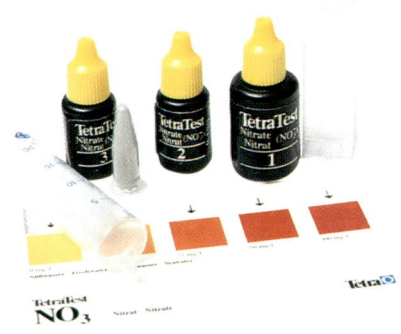

Nitrat-Test

Messmethoden

Im Zoofachhandel erhalten Sie für die zu messenden Werte geeignete Testsets. Ein solcher Test beruht z.B. auf dem Prinzip der Titration. Hierbei setzen Sie einer Wasserprobe so lange tropfenweise eine Messlösung zu, bis eine Farbveränderung eintritt. Die Menge der verbrauchten Messlösung gibt die Konzentration des gemessenen Stoffes wieder. Ein anderes Prinzip ist die Colorimetrie: Hier geben Sie zu einer Wasserprobe ein Reagenz, das je nach Konzentration des gesuchten Stoffes seine Farbe ändert. Die Farbe in der Probe müssen Sie dann nur noch mit den Farben auf den mitgelieferten Farbmustern vergleichen und können dort die Konzentration ablesen.

Die Wasserwerte können auch mit elektronischen Messgeräten kontrolliert werden. Sie müssen vor dem ersten Einsatz und auch später regelmäßig geeicht werden, um korrekt zu messen. Ansonsten sind sie aber sehr komfortabel, da die Werte sehr genau und direkt abgelesen werden können.

Messpraxis

Machen Sie sich das regelmäßige Kontrollieren der Wasserwerte zur Routine. Am besten nehmen Sie sich einen Tag in der Woche, an dem Sie sich mit der „Aquarienchemie" befassen. Bei einem ganz neu eingerichteten Aquarium in der Einlaufphase sind allerdings häufigere Messungen angebracht. Führen Sie Buch über die Messergebnisse; auf diese Weise haben Sie immer einen Überblick, ob sich Werte in den gefährlichen Bereich hinein bewegen.

Viele Werte sind tageszeitabhängig. Der Sauerstoffgehalt ist am Abend am höchsten, der CO_2-Gehalt am geringsten. Am Morgen ist es dann genau umgekehrt. Da der pH-Wert vom CO_2-Gehalt mit beeinflusst wird, hängt auch dieser von der Messzeit ab. Notieren Sie sich also auch immer die Uhrzeit, zu der Sie gemessen haben und versuchen Sie, auch etwa immer zur gleichen Zeit zu messen.

pH-Test

Gesamt– und Karbonat-Härtetest

CHECKLISTE

Ideale Wasserwerte

- Sauerstoffgehalt 8,0 mg/l bei 27 °C
- CO_2-Gehalt 40 mg/l
- Gesamthärte 6 °dGH
- Karbonathärte 4 °dKH
- pH-Wert 6,5
- Ammonium (NH_4^+) 0,001 mg/l
- Nitrit 0,0 bis höchstens 0,2 mg/l
- Nitrat möglichst nicht nachweisbar, maximal 20 mg/l

Eine reiche Bepflanzung und ein nicht zu hoher Fischbesatz sind Voraussetzungen für stabile Wasserwerte.

Wasseraufbereitung

Leider kommt aus der heimischen Wasserleitung nicht das geeignete Wasser für das Salmleraquarium. Deshalb werden Sie wohl den einen oder anderen Wert korrigieren müssen.

Wasserhärte

Das Leitungswasser kann für Salmler zu hart sein – Sie müssen es also evtl. enthärten. Leider ist das nicht ganz so einfach. Die beste Methode ist, das zu harte Wasser mit Wasser aus einer Umkehrosmoseanlage zu mischen, bis der gewünschte Härtegrad erreicht ist. Bei der Umkehrosmose wird das Wasser durch eine Membran gedrückt, die alle im Wasser enthaltenen Stoffe zurückhält und nur reines Wasser passieren lässt, das keine gelösten Stoffe mehr enthält.

Auch die Teil- oder Vollentsalzung über Ionentauscher ist eine Möglichkeit, Härtebildner aus dem Wasser zu entfernen. Sie hat aber den Nachteil, dass nicht alle gelösten Stoffe vollständig entfernt werden.

pH-Wert

Sie können den pH-Wert senken, indem Sie das Wasser über Aquarientorf filtern. Dabei müssen Sie den pH-Wert ständig überprüfen und den Torf entfernen, sobald der gewünschte Wert erreicht ist. Der Torf hat nur eine beschränkte Wirkungszeit und muss gegen frischen ausgetauscht werden, wenn der gewünschte Wert nicht erreicht wird. Um den pH-Wert mittels Torf zu senken, muss das Wasser relativ weich sein. In hartem Wasser puffern die Karbonathärter zu stark ab. Eine weitere Möglichkeit der pH-Senkung ist die Zugabe von CO_2. Hierbei ist es aber wieder wichtig, die enge Wechselwirkung mit der Härte zu berücksichtigen (◉ S. 74).

Hemmigrammopetersius caudalis

Ammonium und Nitrit

Die Aufgabe, diese beiden Stoffe aus dem
Wasser zu entfernen, übernehmen die Filterbakterien. Deshalb ist es wichtig, das Aquarium einzufahren, bevor die Fische eingesetzt
werden, die durch ihre Ausscheidungen den
Ammonium- und damit auch den Nitritgehalt
erhöhen können.
Steigen diese Werte doch einmal in einen für
die Fische bedrohlichen Bereich, so sollten
Sie als Sofortmaßnahme einen Wasserwechsel durchführen. Dann ist es aber wichtig, der
Ursache auf den Grund zu gehen. Mögliche
Gründe können sein: Das Aquarium war
noch nicht richtig eingefahren, die Filterbakterien wurden durch Medikamente geschä-
digt, Sie haben das gesamte Filtermaterial
auf einmal ausgetauscht, der Fischbesatz ist
zu hoch, es befinden sich zu viele Futterreste
im Aquarium.

Nitrat

Nitrat lässt sich nur durch den regelmäßigen
Teilwasserwechsel begrenzen (◉ S. 106).

Sauerstoff und CO_2

Diese beiden Gase stehen ja in enger Wech-
selbeziehung zueinander. Sauerstoffmangel
können Sie vermeiden, indem Sie für eine
ausreichende Bepflanzung sorgen. Um gut
zu gedeihen, benötigen die Pflanzen aber
wiederum genügend CO_2. Falls das von den
Fischen abgegebene CO_2 für die Pflanzen
nicht ausreicht, muss es vorsichtig zugesetzt
werden. Achten Sie dann darauf, dass den
Pflanzen auch viel Licht zur Verfügung steht.

PROBLEM	▶ URSACHE	▶ ABHILFE
Sauerstoffmangel	zu hoher Fischbesatz	Besatz reduzieren
	zu wenig Pflanzen	mehr Pflanzen einsetzen
		für leichte Wasserbewegung sorgen
zu hartes Wasser	Qualität des Leitungswassers	Wasseraufbereitung mit Osmosewasser
	kalkhaltiges Dekogestein oder kalkhaltiger Bodengrund	entfernen
zu weiches Wasser	Qualität des Leitungswassers	Filterung und Marmorgrus
h–Wert zu hoch	Qualität des Leitungswassers	Filterung über Aquarientorf
		Zugabe von CO_2
		Härtegrad senken
h–Wert zu niedrig	zu viel CO_2	mehr Pflanzen einsetzen
zu hohe Ammonium– und Nitritwerte	Filterbakterien geschädigt oder noch nicht genügend entwickelt	Ursache überprüfen, regenerieren oder mit Bakterienkultur animpfen, Teilwasserwechsel
	zu hoher Fischbesatz	Bestand reduzieren
	viele Futterreste	weniger füttern
hohe Nitatwerte	natürliche Anreicherung	Teilwasserwechsel
	Belastung des Trinkwassers	Teilwasserwechsel mit Osmosewasser

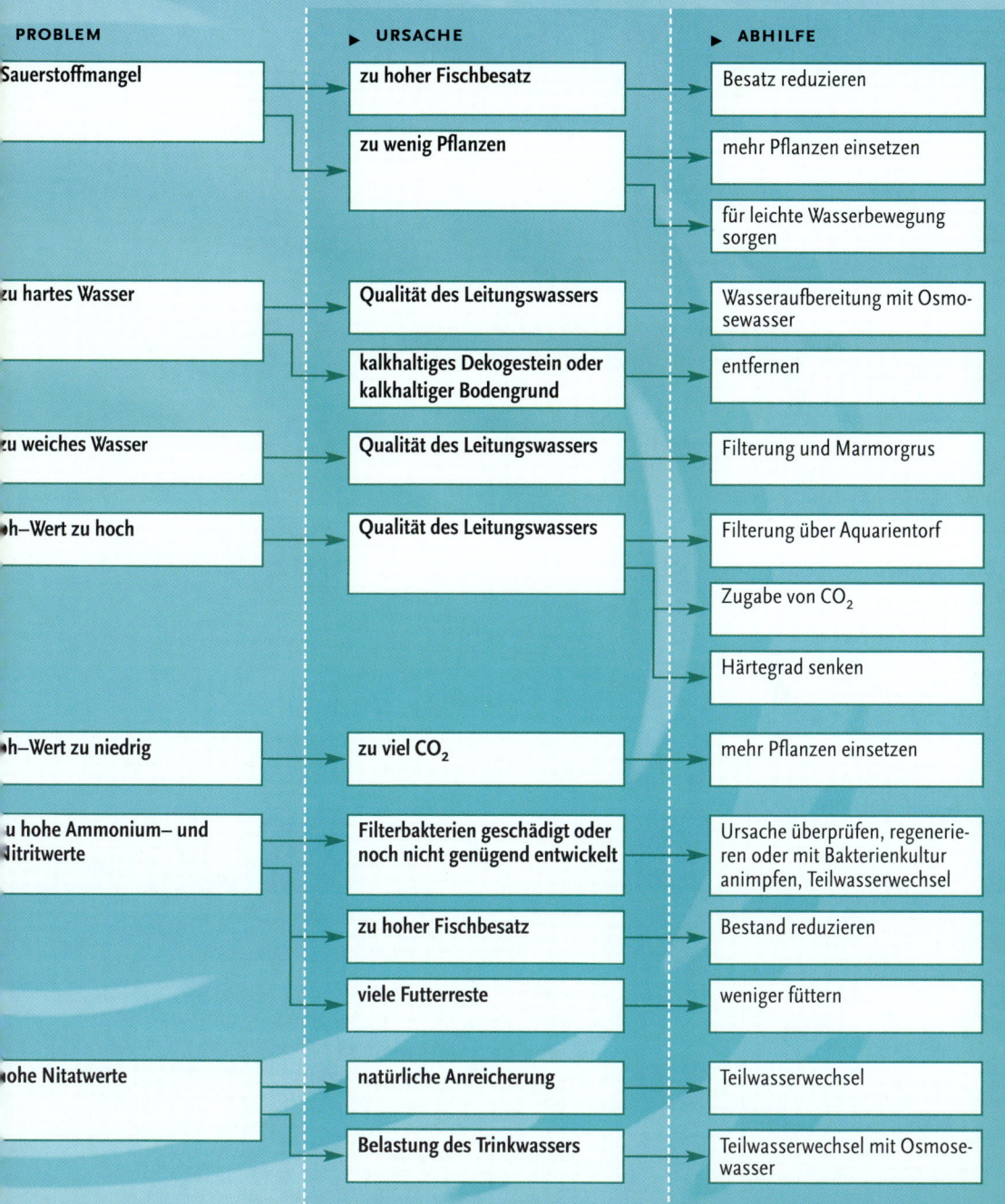

▶ **Ernährung im natürlichen Lebensraum**
100

▶ **Ernährung im Aquarium**
101

▶ **Geeignetes Futter**
102

▶ **Fütterungspraxis**
103

Ernährung im natürlichen Lebensraum

Kleine Schwarmsalmler, insbesondere die Echten Salmler der Familie Characidae, die meistens in kleinen Regenwaldbächen leben, gelten in der Aquaristik als Allesfresser. Ihr endständiges Maul ist allerdings nicht vorstreckbar wie das der Buntbarsche. Ihre Bezahnung ist jedoch nicht einheitlich, da sie sich in ihren unterschiedlichen Biotopen in Mittel- und Südamerika sowie Afrika an verschiedene Nahrungsspektren anpassen mussten. Ihre Darmlänge, von der man auf eine Bevorzugung bestimmter Nährstoffe oder -tiere schließen kann (großer Magen, kurzer ungewundener Darm – überwiegend Fleischfresser; relativ kleiner Magen, langer und vielfach gewundener Darm – überwiegend Pflanzenfresser) ist dagegen relativ einheitlich. Alle haben einen ihrer Mischkost entsprechend mittellangen Darm.

Wissenschaftliche Erkenntnisse

Eine interessante Arbeit von Bergleiter (1993) berichtet über die Ernährungsweise der Salmler. Sie sind omnivor, also Allesfresser, und nehmen sowohl tierische als auch pflanzliche Nahrung zu sich. Ihr Ernährungsspektrum ist weitreichend, und umfasst unter anderem Rotalgensprossen, Ruderfußkrebse, Zuckmückenlarven und -puppen, Rädertierchen, Detritus, Teile von Landinsekten, Kieselalgen, Ameisen, Grünalgen, Wasserflöhe, Wasserwanzen, Wassermilben, Muschelkrebse, Aufwuchsalgen usw. Dies lässt einerseits vermuten, dass der Tisch der Natur reich gedeckt ist und die Salmler ein großes Nahrungsan-

Silberbeilbauchfische Gasteropelecus sternicla **besitzen ein oberständiges Maul, mit dem sie Futter bevorzugt an der Wasseroberfläche aufnehmen.**

gebot finden. Andererseits können die Fische sicher in einigen Biotopen und saisonbedingt nur das fressen, was ihnen die Umwelt momentan bietet.

Nicht zu übersehen, dass es sich bei diesem Hydrocynus vittatus **um einen – noch jungen – Raubfisch handelt.**

Ernährung im Aquarium

Was lässt sich aus der natürlichen Ernährungsweise der Fische für den Aquarianer ablesen? Die Fischchen nehmen fast alles, was kommt oder besser, was sich für sie zu fressen lohnt. Der Anteil an Insektennahrung dürfte dabei beträchtlich sein. Das heimische Aquarium muss für die Tiere also nicht besonders „aufgeräumt" und völlig frei

von Algen sein. Der Begriff „Allesfresser" ist für sie schließlich nicht zu Unrecht geprägt. Es ist aber darauf zu achten, dass die Futterhappen nicht zu groß ausfallen, damit die Fische sie bequem packen und verzehren können.

Bergleiter schließt seinen Aufsatz mit dem Satz: „Durch eine wirklich reiche Strukturierung des Aquariums kann den Fischen die Möglichkeit gegeben werden, ihre angeborenen Verhaltensmuster einigermaßen auszuleben: Mulmansammlungen, alte Eichen- oder Erlenblätter, kleine Teile der Wasseroberfläche mit Kahmhaut, veraltetes Holz sind für unsere Pfleglinge durch ihre reiche Mikrofauna unter Umständen interessanter als noch so schöne höhere Wasserpflanzen – also ein bisschen weg vom „sauberen" Aquarium?".

Pflanzenfresser im Aquarium

Da auch Kopfsteher der Familie Anostomidae (Engmaulsalmler) zu den gelegentlich gepflegten Salmlern gehören, die zwar nicht

Prachtkopfsteher Anostomus anostomus **nehmen gerne auch pflanzliche Kost.**

ganz auf Insektennahrung verzichten, aber doch eher pflanzliche Kost bevorzugen, gehören sie zu den Arten mit langem, mehrfach gewundenem Darm. Im Aquarium kann man beobachten, dass sie gern die Unterseiten großer Blätter von Algen abweiden. Dabei schwimmen sie mit dem Kopf nach unten oder auch auf dem Rücken und nehmen die Nahrung mit Hilfe ihres nach oben gerichteten (oberständigen) Maules und den

vorgesetzten Zähnen auf. Ihnen kann man vorbereitete pflanzliche Zusatzkost wie überbrühten Salat und andere junge Gemüse- oder Krautblätter anbieten, um zu verhindern, dass sie sich zu sehr an die Aquarienpflanzen heranmachen.

CHECKLISTE

Geeignetes Futter

- **FERTIGFUTTER** Flockenfutter, Granulatfutter, Pellets für größere Arten, Haft- und Bodentabletten, Spirulina-Algenfutter

- **FROSTFUTTER** z.B. rote, weiße und schwarze Mückenlarven, Krill, Wasserflöhe, Cyclops, Garnelen, kleine Stinte für Raubfische

- **LEBENDFUTTER** Wasserflöhe, Cyclops, Bachflohkrebse, Artemia-Nauplien für junge und kleinbleibende Fische, rote, weiße und schwarze Mückenlarven

- **PFLANZLICHE KOST** gewaschene Salatblätter, überbrühter junger Spinat, abgesenkte Gürkenstücke

- **FUTTERZUSÄTZE** vornehmlich in Form von Vitaminpräparaten

Der Gitonsalmler Astinax giton *ist ein typischer Allesfresser mit endständigem Maul.*

Fütterungspraxis

Im natürichen Lebensraum nehmen die Fische den ganz Tag über kleinste Mengen Nahrung auf. Im Aquarium ist die Futterkonkurrenz sehr hoch, so dass die Tiere hier ihr Futter eilig hinunterschlingen müssen. Es ist also ratsam, öfter und dafür in sehr kleinen Mengen zu füttern, als einmal sehr viel. Denn ein Zuviel belastet das Wasser, sorgt für einen Nitrat- und Phosphatanstieg und damit für übermäßigen Algenwuchs.
Gut genährte Tiere können in einem größeren Aquarium – z.B. während der Urlaubszeit – auch einmal bis zu drei Wochen ohne Futter auskommen. Erscheint Ihnen dieser Zeitraum zu lange, versorg ein Futterautomat die Tiere mit kleinsten Mengen Nahrung.

▶ **Gesundheitsvorsorge**
  106–107

▶ **Quarantäne**
  108

▶ **Erkrankungen vermeiden**
  109

▶ **Diagnose und Behandlung**
  110

▶ **Solutionfinder:**
  Krankheiten erkennen
  111

Ein täglicher Blick ins Aquarium und der regelmäßige Teilwasserwechsel sind die beste Gesundheitsvorsorge für Ihre Salmler.

Gesundheitsvorsorge

Die beste Gesundheitsvorsorge sind ein waches Auge und die regelmäßigen Pflege-maßnahmen im Aquarium. Viel Arbeit? Keineswegs. Ein gut eingefahrenes Aquarium beansprucht Sie nur etwa einmal in der Woche für die Kontrolle der Wasserwerte und etwa alle zwei bis drei Wochen für den Teil-wasserwechsel.

Ein täglicher Blick

Machen Sie es sich zu Gewohnheit, einmal am Tag ganz bewusst in Ihr Aquarium zu schauen. Achten Sie darauf, ob die Fische einen gesunden und munteren Eindruck machen (👁 S. 82), ob die Pflanzen gut wachsen und das Wasser klar ist. Bald haben Sie einen Blick dafür, was „normal" ist und werden erkennen, wenn einmal etwas nicht stimmt und Ihr sofortiger Einsatz gefragt ist.

Teilwasserwechsel

Was den Fischen gut tut, sollte man nicht auf die „lange Bank" schieben und von vornherein fest einplanen. Mit ein wenig Voraussicht kann man diese Arbeiten auf ein Minimum an zeitlichem Aufwand reduzieren. Ein gut eingefahrenes Becken verlangt nur alle vierzehn Tage bis drei Wochen nach einem Teil-wasserwechsel.

Tauschen Sie beim Teilwasserwechsel ca. 1/4 bis 1/3 des Gesamtwasservolumens aus. Bevor Sie am Aquarium hantieren, schalten Sie unbedingt alle elektrischen Geräte ab. Es dient Ihrer Sicherheit und ein nicht untergetauchter Heizstab, der weiter betrieben wird, ist sehr schnell kaputt.

Ihre Helfer beim Wasserwechsel sind Eimer und Schlauch. Vermeiden Sie es aber, das Wasser mit dem Mund anzusaugen. Füllen Sie lieber den Schlauch mit Wasser. Die

Selbst gefangenes Lebendfutter kann, vor allem wenn es aus belasteten Gewässerns stammt, ein Gesundheitsrisiko sein.

Es reicht für den Teilwasserwechsel nicht aus, verdunstetes Wasser nur nachzufüllen, ein Teil des Wassers muss immer gegen frisches ausgetauscht werden. Es verdunstet immer nur das Destillat, also reines Wasser, nie die im Wasser gelösten Substanzen. Sie verbleiben im Aquarienwasser und werden erst durch den Teilwasserwechsel mit der gewechselten Menge entfernt. Füllt man verdunstetes Wasser nur auf, reichern sich schädliche Stoffe im Wasser immer mehr an.

Filterreinigung

Beim Filter gilt die Devise: Weniger ist mehr! Entfernen Sie den groben Schmutz und spülen Sie das Filtermaterial nur unter fließendem kühlem Wasser aus. Aber bitte nicht zu gründlich! Sie wollen ja nicht die wertvollen Bakterien abwaschen, die für die biologische Filterung zuständig sind. Wenn Sie Filtermaterial austauschen müssen, weil das alte wirklich zu verdreckt ist, dann nur portionsweise. Auf neuem Filtermaterial leben keine Bakterien, wenn sie das alte also komplett entfernen, werden giftiger Ammoniak und Nitrit im Wasser nicht mehr abgebaut – eine bedrohliche Situation für die Fische.

Gerätekontrolle

Überprüfen Sie beim Teilwasserwechsel auch immer die technische Ausstattung. Funktioniert der Filter? Sind alle Anschlüsse intakt? Arbeitet die Heizung? Wie sieht die Beleuchtung aus? Wenn Ihnen an den Geräten Verschleißerscheinungen auffallen, tauschen Sie die Teile oder notfalls das ganze Gerät aus. Ein Filter, der ausgerechnet am Wochenende seinen Geist aufgibt, bringt Sie ganz schön in Schwierigkeiten.

Enden halten Sie mit den Daumen zu, ein Ende tauchen Sie in das Becken, das andere hängt im Eimer. Daumen weg – das Wasser läuft.

Tauschen Sie nicht nur das Wasser aus, sondern saugen Sie auch gleich den Mulm ab – am besten vor dem Wassertausch – und reinigen Sie die Scheiben mit einem Magnetreiniger von Algen.

Quarantäne

Eine wichtige Vorbeugungsmaßnahme ist die Quarantäne von Neuzugängen. Viele Krankheiten werden ins Aquarium durch neu zugekaufte Fische eingeschleppt. Sie machen zunächst noch einen gesunden Eindruck, erkranken nach einiger Zeit aber nicht nur selbst, sondern stecken alle anderen Fische auch an. Gerade im begrenzten Raum des Aquariums breiten sich viele Krankheiten epidemieartig aus.

Um zu verhindern, dass der gesamte Fischbestand in Ihrem Aquarium durch neu zugekaufte Fische infiziert wird, sollten Sie sich die Mühe machen und ein Quarantänebecken einrichten. Es genügt ein kleineres Becken mit sporadischer Einrichtung, das

Um nicht den gesamten Besatz eines Aquariums zu gefährden, sollen Neuzugäng zunächst einige Wochen in Quarantäne gehalten werden.

aber genau so gut eingefahren sein und konstante Wasserwerte aufweisen muss wie das „richtige" Aquarium. Beobachten Sie die Neulinge zwei bis drei Wochen im Quarantänebecken, um sicher zu gehen, dass sie wirklich gesund sind. Dann können die Fische in das Haltungsbecken umziehen.

Erkrankungen vermeiden

Gesund wie ein Fisch im Wasser – das ist leider nicht immer so. Fische, in der freien Natur wie auch im Aquarium, können krank werden. Neben den schon beschriebenen Pflege- und Vorsichtsmaßnahmen gibt es noch einige Punkte, die Sie beachten sollten:

1 Zu niedrige Haltetemperaturen und häufige Temperaturschwankungen schwächen das Immunsystem. Die Fische werden krankheitsanfällig. Achten Sie auf konstante Temperaturen. Wichtig ist auch, den Transport von neu gekauften Tieren möglichst ohne große Temperaturschwankungen durchzuführen.

2 Sauerstoffmangel kann zu Atemnot bis hin zum Ersticken führen.

3 Altes Futter hat nichts im Aquarium verloren. Denken Sie daran, dass die Uhr des Verfallsdatums zu ticken beginnt, sobald Sie die Futterdose das erste Mal geöffnet haben. Feuchtes Futter verdirbt!

4 Überfüttern Sie die Fische nicht. Ein erwachsener Fisch kann auch mal kurze Zeit ganz ohne Futter auskommen.

Afrikanischer Einstreifensalmler Nannaethiops unitaeniatus.

Diagnose und Behandlung

5 Erhält ein gut bepflanztes oder auch stark veralgtes Aquarium direkte Sonnenein-strahlung, so kann es zu einem plötzli-chen Anstieg des pH-Wertes auf 10 und mehr kommen. Das alkalische Wasser schädigt die Kiemen (Laugenkrankheit).

6 Bei sehr weichem, kalkarmem Wasser (mangelnde Karbonathärte) kann der pH-Wert sehr stark absinken. Das saure Was-ser kann Verätzungen an den Kiemen her-vorrufen (Säurekrankheit).

7 Futterreste, starke Mulmansammlungen und andere Fäulnisherde können Abbau-produkte entstehen lassen (Ammoniak, Schwefelwasserstoff, Nitrate), die bei den Fischen zu vergiftungen führen.

8 Nicht nur Menschen können durch „pas-sives Rauchen" leiden. Das tun auch Fische, wenn Gase über die Luft- oder Fil-terpumpe ins Aquarium geblasen werden (z.B. Tabakrauch, Insektenspray, Abgase).

9 Auch Verletzungen, wie sie z.B. bei klei-nen Rangeleien unter den Fischen entste-hen, können sich zu Erkrankungen aus-weiten. Die Wunden können von Bakteri-en oder Pilzen infiziert werden, die eine Heilung verhindern oder die Wunden sogar noch vergrößern.

Sind trotz aller Vorsichts- und Pflegemaßnah-men Ihre Fische doch einmal krank gewor-den, muss vor der Behandlung die sichere Diagnose stehen. Viele Krankheiten sind kei-ne „richtigen" Krankheiten. Sauerstoffman-gel, zu hoher oder zu niedriger pH-Wert oder Belastung des Wassers mit Schadstoffen rufen zwar Krankheitssymptome hervor, die Ursache kommt aber von außen. Zeigen Ihre Fische Symptome wie z.B. Flossenklemmen, torkelndes Umherschwimmen oder Fressun-lust, dann überprüfen Sie zunächst das Was-ser. In vielen Fällen werden Sie feststellen, dass ein Wert aus dem Ruder gekommen ist. Korrigieren Sie ihn (☻ S. 94, 97), werden sich die Fische schnell wieder erholen. Andere Anzeichen wie Beläge auf dem Kör-per, Wunden oder Geschwüre sind ernst zu nehmende Anzeichen für wirkliche Erkran-kungen. Bevor Sie aber zu einem Medika-ment aus dem Zoofachhandel greifen oder auch gut gemeinte Ratschläge anderer Aqua-rianer an Ihren Fischen ausprobieren, sollte die Diagnose sicher sein. Es gibt in fast allen Bundesländern Fischgesundheitsdienste, die Sie im Zweifeln gerne beraten und Ihnen wei-terhelfen.

Nach der Behandlung müssen Medikamen-tenreste aus dem Wasser entfernt werden, indem es über Aktivkohle gefiltert wird.

SYMPTOM	▶ URSACHE	▶ ABHILFE
grießkornartige weiße Pünktchen	**Ichthyo / Weißpünktchenkrankheit** (Ichthyophthirius multifiliis)	Medikamente aus dem Zoofachhandel nach Anweisung
samtartiger Belag auf den Flossenrändern, **Flossenklemmen, Fressunlust, Scheuern, ruckartiges Schwimmen**	**Oodinium pillularis / Samtkrankheit**	Medikamente aus dem Zoofachhandel nach Anweisung
Abmagerung, **Geschwüre, hervortretende Augen**	**Ichthyo**	optimale Haltungsbedingungen schaffen / stark befallene Tiere entfernen
Schaukeln, **Kopfstand, Entzündungen der Kiemen, Flossenklemmen, Fressunlust**	**Vergiftung**	Wasserwerte messen und auf Optimum einstellen / Teilwasserwechsel / Filterung über Aktivkohle

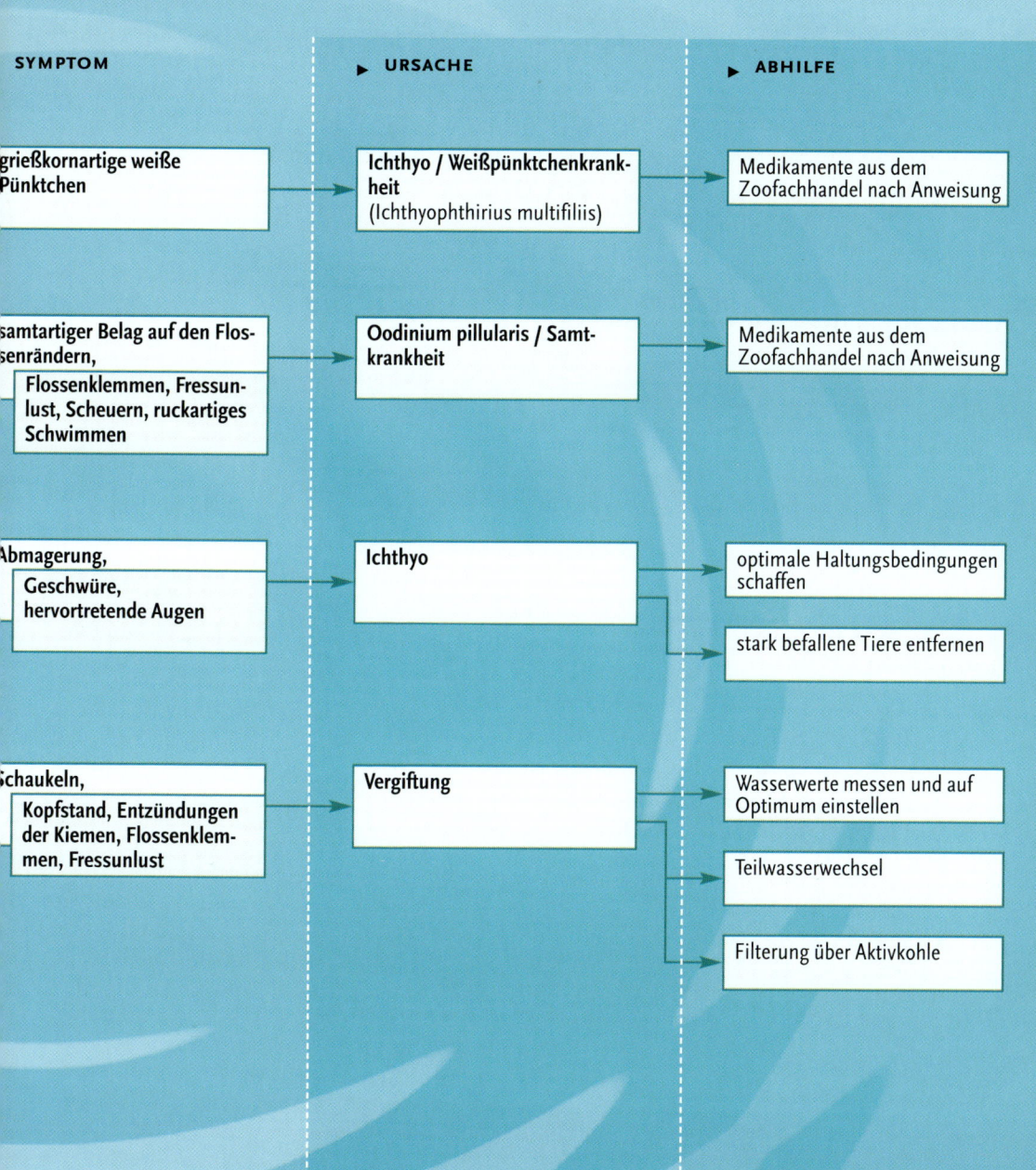

▶ **Fortpflanzung im Lebensraum**
114

▶ **Gezielte Zuchtversuche**
115–116

▶ **Entwicklung der Brut**
117

Fortpflanzung im Lebensraum

Salmler pflanzen sich nicht alle nach dem gleichen Schema fort. Am häufigsten unter den Salmlern sind die Freilaicher. Die Weibchen geben ihre schlecht haftenden Eier ins Wasser ab, wo sie von der Samenflüssigkeit des frei schwimmenden Männchens befruchtet werden. Bei anderen Arten besitzen die Männchen kleine Flossenhäkchen, mit denen sie sich während der Paarung am Weibchen festklammern.

Im natürlichen Lebensraum werden die befruchteten Eier dann von der Strömung fortgetragen. Man kann das als eine Art Vorsichtsmaßnahme der Natur ansehen, da die meisten Salmler Laichräuber sind. Unter den Salmlern gibt es auch einige Arten, die eine einfache Brutpflege betreiben, ähnlich wie man es von Buntbarschen kennt. Das Männchen bewacht die Brut, bis diese beginnt, frei zu schwimmen, in einer kleinen Höhle.

Zufallszucht im Aquarium

Die größte Zahl der im Aquarium gepflegten Salmler gehört der erstgenannten Gruppe an, den Freilaichern. Sie pflanzen sich im Aquarium oft ohne Zutun des Pflegers fort. Mit etwas Glück beobachten Sie Ihre Fische eines Tages bei der Balz und vielleicht auch beim Ablaichen. Die Alttiere sind, wie erwähnt, Laichräuber, die entweder bereits die Eier oder nach dem Schlüpfen die Jungtiere fressen, da ihnen jeder Brutpflegetrieb fehlt. In Aquarien mit nur mäßigem Besatz und teilweise dichter Bepflanzung ist es aber durchaus möglich, dass einige wenige Jungfische

In einem solch reich strukturierten Biotop finden Substratsalmler eine Fülle von Laichplätzen.

die ersten Tage ihres jungen Lebens überdauern, wachsen und sich entwickeln können. Bei Arten wie *Nannostomus beckfordi*, *Nematobrycon palmeri*, *Moenkhausia pittieri* oder dem blauroten Kolumbiensalmler haben Sie gute Chancen, den einen oder anderen Jungfisch „aus eigener Zucht" großziehen zu können.

Wählen Sie als Zuchtpaar solche Fische, die Sie auch schon im Gesellschaftsbecken bei der Balz beobachtet haben.

Gezielte Zuchtversuche

Solche eher zufälligen Beobachtungen reizen Sie vielleicht dazu, einmal einen gezielten Zuchtversuch zu wagen. Geeignete Arten hierfür sind außer den bereits genannten der Kupfersalmler (*Hasemania nana*), der Blutsalmler (*Hyphessobrycon callistus*), der Schwarze Flaggensalmler (*Hyphessobrycon herbertaxelrodi*) und der Rote von Rio (*Hyphessobrycon flammeus*).

Das Zuchtbecken
Als Zuchtbecken genügt bereits ein kleines Aquarium mit etwa 12 Litern Inhalt. Da Salmler Laichräuber sind, bedarf es einer Vorsichtsmaßnahme, um die Eltern daran zu hindern, ihre Brut noch vor dem Schlüpfen gleich wieder zu fressen. Deshalb deckt man den blanken Glasboden mit einem selbst gebastelten Laichrost (siehe Foto – vergessen Sie nicht, eine Vorrichtung anzubringen,

an der Sie den Rost aus dem Becken herausheben können) oder auch nur mit einem eingepasstem Stück Kunststoffnetz (möglichst steif) ab. Das Wasser sollte eine Gesamthärte unterhalb von 6 °dGH und einen pH-Wert unterhalb der Neutralgrenze haben. Die Wassertemperatur stellt man auf 26 °C ein. Über dem Laichrost platziert man ein kleines Knäuel gut gereinigtes Javamoos. Die Oberfläche deckt man mit einer Schwimmpflanze oder Ähnlichem (z.B. *Ceratopteris*) ab.

Ein solcher Laichrost im Zuchtaquarium trennt die Eltern von den frisch abgelegten Eiern.

CHECKLISTE

Salmlerzucht

ZUCHTBECKEN
Es reicht oft schon ein kleines 12-Liter-Becken mit einem Laichrost oder steifen Kunststoffnetz.

WASSERWERTE IM ZUCHTBECKEN
Temperatur 26 °C
pH 6,8 bis 6,6
Härtegrad 6 °dGH

GEEIGNETE ARTEN
Für den Anfang leicht zu züchten sind z.B. Kupfersalmler, Blutsalmer, Schwarzer Falggensalmler oder der Rote von Rio.

GESCHLECHTSUNTERSCHIED
Männchen sind durchweg schlanker, Weibchen haben eine fülligere Bauchparie. Generell aber nicht leicht zu unterscheiden.

ENTWICKLUNGSDAUER
Eltern sofort nach dem Ablaichen entfernen. Die Larven schlüpfen nach 20 bis 28 Stunden und hängen 'an den Seitenwänden. Sobald sie frei schwimmen, nehmen sie feines Futter wie Infusorien, Liquifry und bald auch Artemia-Nauplien

Nur in dünn besetzten Gesellschaftsbecken mit vielen Versteckmöglichkeiten für die Jungfische sind zufällige Nachzuchten möglich.

Die Eltern

Aus dem Pflegeaquarium wählt man ein passendes Paar aus, wobei das Weibchen einen deutlichen Laichansatz zeigen sollte. Ideal wäre es, ein Paar zur Zucht anzusetzen, das Sie bereits im Pflegeaquarium beim Ablaichen beobachten konnten. Da Sie jedoch sicher eine größere Gruppe jeder Art pflegen,

Sobald Sie Eier entdecken, fangen Sie die Elterntiere aus dem Zuchtbecken heraus. Dann entfernen Sie den Laichrost. Dies muss sehr vorsichtig geschehen, um die Eier weder zu verletzen noch mit dem Rost aus dem Becken zu entfernen.

Entwicklung der Brut

Die Eier sind meist glasig, bei einigen Arten aber auch gelblich bis bräunlich. Nach etwa 24 Stunden schlüpfen die Larven. Sie hängen zum Teil an den Schwimmpflanzen, aber auch an den Scheiben. Deutlich ist der pralle Dottersack erkennbar. Nach rund 48 weiteren Stunden ist dieses Anhängsel geschrumpft und fast aufgezehrt. Jetzt gehen die Nachkommen langsam in die normale Schwimmlage über. Sobald sich der Dottersack nach 12 weiteren Stunden völlig zurückgebildet hat, steht den Jungfischen keine Nahrung mehr zur Verfügung. Sie müssen jetzt selbstständig fressen und sich Nahrung suchen, um nicht zu verhungern. Als Erstfutter bietet man zunächst wenige Tropfen Liquifry an. Bereits am nächsten Tag kann man mit dem Anfüttern von frisch geschlüpften Artemia-Nauplien beginnen. Futterreste müssen täglich mit einem dünnen Schlauch vorsichtig abgesaugt werden. Das wenige fehlende Wasser wird durch Frischwasser ersetzt. Sobald die Jungfische groß genug geworden sind, können sie in das Pflegebecken umgesetzt werden.

Fehlschläge sind bei den ersten Zuchtversuchen durchaus möglich, ja fast zu erwarten. Mit etwas Geduld und Ausdauer können Sie aber eigene Erfahrungen sammeln. Sie werden sehen, es lohnt sich!

ist es nicht einfach, einzelne Tiere gezielt zu erkennen und herauszufangen.

Am besten setzt man die Tiere abends in das Ablaichaquarium. Mit etwas Glück laichen sie bereits am anderen Morgen oder vielleicht an den folgenden Tagen. Kontrollieren Sie täglich mehrmals den Glasboden unter dem Laichrost – eine Arbeit, die man bereits beim Aufstellen des kleinen Aquariums durch geschicktes Platzieren vorbereiten kann.

IMPRESSUM

Bildnachweis

Alle Bilder in diesem Buch stammen von den Autoren mit Ausnahmen von:
S. 77, 78, 81, 90, 91, 98/99, 105/105, 106: Frank Hecker
S. 72: Juniors Bildarchiv (Peither)
S. 6, 60/61, 100, 101, 102, 108/109, 116: Burkard Kahl
S. 65 oben und unten, 192, 193 beide: Christof Salata / Kosmos

Alle Angaben in diesem Buch sind sorgfältig geprüft und geben den neuesten Wissensstand bei der Veröffentlichung wieder. Da sich das Wissen aber laufend weiterentwickelt und vergrößert, muß jeder Anwender selbst prüfen, ob die Angaben nicht durch neuere Erkenntnisse überholt sind. Dazu muß er z. B. bei Behandlungsvorschlägen den Tierarzt konsultieren, Beipackzettel zu Medikamenten lesen, Gebrauchsanweisungen und Gesetze befolgen.

Informationen senden wir Ihnen gerne zu

Bücher · Kalender · Spiele
Experimentierkästen · CDs · Videos
Seminare

Natur · Garten & Zimmerpflanzen ·
Heimtiere · Pferde & Reiten ·
Astronomie · Angeln & Jagd ·
Eisenbahn & Nutzfahrzeuge ·
Kinder & Jugend

KOSMOS

Postfach 10 60 11
D-70049 Stuttgart
TELEFON +49 (0)711-2191-0
FAX +49 (0)711-2191-422
WEB www.kosmos.de
E-MAIL info@kosmos.de

Impressum

Umschlaggestaltung eStudio Calamar, Friedhelm Steinen-Broo, unter Verwendung von vier Farbaufnahmen von Burkard Kahl.

Mit 185 Farbfotos

Die Deutsche Bibliothek – CIP-Einheitsaufnahme

Ein Titelsatz für diese Publikation ist bei der Deutschen Bibliothek erhältlich.

© 2000, Franckh-Kosmos Verlags-GmbH & Co., Stuttgart
Alle Rechte vorbehalten
ISBN 3-440-08216-4
Redaktion Claudia Sträb
Gestaltungskonzept: eStudio Calamar, Friedhelm Steinen-Broo
Gestaltung und Satz: Guido Schlaich, München
Produktion: Kirsten Raue, Markus Schärtlein
Printed in Czech Republic / Imprimé en République tchèque
Druck und Binden: Tesinska Tiskarna, a. s., Cesky Tesin

ZUM WEITERLESEN

▶ BÜCHER

Beck, P.: Aquarienpflanzen Grundkurs. Stuttgart, 2000.

Bergleiter, S.: ... und das fressen sie wirklich! Zur Ernährungsweise einiger südamerikanischer Salmler im natürlichen Lebensraum. DATZ 46, S. 784-789, 1993.

Dreyer, S. und R. Keppler: Das Kosmos-Buch der Aquaristik. Stuttgart, 1993.

Kahl, W., Kahl, B. und D. Vogt: Kosmos-Atlas Aquarienfische. Stuttgart, 1997.

Kölle, Dr. P.: Fischkrankheiten. Stuttgart, 2001.

Schubert, G. und D. Untergasser: Krankheiten der Fische. Stuttgart, 1994

Untergasser, D.: Krankheiten der Aquarienfische. Stuttgart, 1989.

▶ ZEITSCHRIFTEN

Aquaristik aktuell
Dähne, Ettlingen.

Aquarium heute
Aquadocumenta Verlag, Bielefeld.

Das Aquarium, Verlag Birgit Schmettkamp, Bornheim.

DATZ
Verlag Eugen Ulmer, Stuttgart.

ADRESSEN

VDA-Geschäftsstelle
Hans Stiller
Luxemburger Str. 16
44789 Bochum
Info@vda-online.de

VDA-Beratungsstelle
für Aquariengestaltung
Jürgen Grobe
Postfach 1944
30954 Hemmingen

VDA Fischkrankheiten
Dieter Untergasser
Schloss-Str. 34
64720 Michelstadt

Gesellschaft für
Aquarienkunde e.V.
Freizeithaus Waldhof
Revierpark Vonderort
Bottroper Str. 322
46117 Oberhausen

Kontaktadressen EATA
(European Aquaristic and Terraristic Association)

Deutschland – VDA
Horst Linke
Grubenberg 7
95131 Schwarzenbach am Wald

Joachim D. Matthies
Colonaden 70
20354 Hamburg

Elisabeth Müller
Fridtjof-Nansen-Str. 46
50226 Frechen

Frankreich – FFAAT
Dominique Gillet &
Jacques Montereaua
8, Impasse Marette du Guillerval
89000 Evry

Frankreich – FAF
Claude Vast
1, rue Foucaud
87000 Limoges

J.J. Lorrin
136 A, Boulevard de Dijon
10800 St. Julien Les Villas

Österreich – ÖVVÖ
Karl Kolar
Herrenberggasse 6
A-3434 Tulbing

Richard Pfister
Langenlebarner Str. 50
A-3430 Tulln

Franz Schrleitner
Raiffeisengasse 19
A-7201 Neudörfl

Belgien – BBAT
Fons Ooms
Beningstraat 10
2230 Herselt

Ludo Segal
Basselierstraat 30
2100 Deurne

Luxemburg – FELAT
Theo Hermann
3, Chemin du Kohn
9191 Welscheid

Netty Unden
19, rue de Muhlenbach
2168 Luxembourg

Niederlande
Roel Feenstra
Spoorsingel 104
1946 AG Beverswijk

Fischgesundheitsdienste (FGD)
Fischcare
Dr. Sandra Lechleiter
Forststr. 180
D-70193 Stuttgart

Staatl. Veterinär- und
Lebensmitteluntersuchungsamt
Ringstr. 1030
D-15239 Frankfurt/Oder

Staatl. Fischseuchenbekämpfungs-
dienst und FGD
Eintrachtweg 17
D-30173 Hannover

FGD im Staatl. Untersuchungsamt
Marburger Str. 54
D-35396 Gießen

Landesveterinär- und Lebensmittel-
untersuchungsamt, FGD
Haferbreiter Weg 132-135
D-39576 Stendal

FGD
Heinsbergerstr. 53
D-57399 Kirchhunden-Albaum

FGD am Landesveterinär-
untersuchungsamt
Blächerstr. 34
D-56073 Koblenz

FGD am Staatl. Tierärztl.
Untersuchungsamt
Azenbergstr. 16
D-70174 Stuttgart

Institut für Zoologie, Fischerei-
biologie und Fischkrankheiten
LMU München
Kaulbachstr. 37
D-80539 München

FGD am Medizinal-, Lebensmittel-
u. Veterinäruntersuchungsamt
Tennstedter Straße
D-99947 Bad Langensalza

INTERNET

www.aquanet.de
www.aqualink.de
www.vda-online.de

Abramites hypselonotus 25
Adonissalmler 12
Adventivpflanzen 76
Afrikanischer Tetra 7
Aktivkohle 67
Alestidae 7
Alestopetersius caudalis 11
Algenwachstum 62
Amapa-Salmer 40
Amazonas 8
Ammonium 66, 91, 96
Anduzes Ziersalmler 19
Angolasalmler 13
Anostomus anostomus 26
Anostomus ternetzi 26
Aphyocharax alburnus 30
Aphyocharax anisitsi 31
Aphyocharax erythrurus 31
Aphyocharax paraguayensis 32
Aphyocharax rathbuni 32
Aquariengestaltung 77
Arnoldichthys spilopterus 11
Arnolds Rotaugensalmler 11
Arten, Pflanzen 75
Astyanax daguae 33
Astyanax jordani 33
Atmung 72
Ausläufer 76
Außenfilter 67
Axelrodia stigmatias 34

Bakterien 66
Becken 62
Behandlung 110
Beilbauch, Schwarzschwingen 28
Beilbauchsalmler 6
Beilbauchsalmler, Glas 28
Beilbauchsalmler, Marmorierter 29
Beilbauchsalmler, Platin- 30
Beleuchtung 68
Beleuchtungsdauer 69
Bellotisalmler 37
Besatzdichte 62
Biologische Filterung 66
Biotop 8
Blauer Neon 56

Blauer Perusalmler 34
Blauer Tetra 51
Blauroter Kolumbiensalmler 47
Blehers Rotkopfsalmler 37
Blutsalmler 43
Bodengrund 63
Boehlkea fredcochui 34
Brachsensalmler 25
Brillantsalmler 53
Brittanichthys axelrodi 35
Brittans Salmler 35
Brutentwicklung 117

Calcypsosalmler 41
Caracidae 7
Carnegiella marthae 28
Carnegiella myersi 28
Carnegiella strigata fasciata 29
Carnegiella vesca 29
Characidiidae 6
Characiformes 6
Chilodus punctatus 27
CO2-Düngung 73, 96
Collettisalmler 52
Copelands Salmler 42
Copella arnoldi 16
Copella compta 17
Copella nigrofasciata 17
Corynopoma riisei 35
Crenuchidae 6
Crenuchus spilurus 15

Daguasalmler 33
Diagnose, Krankheits 110
Distichodus noboli 14
Distichodus sexfasciatus 14
Dreibandsalmler 45
Dreibinden-Ziersalmler 24
Dreipunkt-Kopfsteher 27
Dreipunkt-Pyrrhulina 25
Düngung, Pflanzen 74

Echte Salmler 7
Einbinden-Ziersalmler 24
Einfahren 80
Einrichtung 63

Elterntiere 116
Ernährung 100

Fahnensalmler 43
Falscher Sternflecksalmler 49
Farbspiele 7
Federsalmler 42
Filter 66
Filterreinigung 107
Filtersubstrate 67
Filtertypen 67
Filterung, Biologische 66
Filterung, Mechanische 66
Fische einsetzen 83
Fischkauf 81
Fischkrankheiten 109, 111
Flaggensalmler 40
Flaggensalmler, Schwarzer 45
Fortpflanzung 10, 114
Futter 103
Fütterungspraxis 103

Gasteropelecidae 6
Gebänderter Ziersalmler 21
Gelber Kongosalmler 11
Georgias Rotkopfsalmler 57
Geradsalmler,
  Kleiner Rotflossen-14
Geradsalmler, Zebra- 14
Gesamthärte 89
Gesellschaftsfische 84
Gestaltung, Aquarien 77
Gesundheitsvorsorge 106
Glasbeilbauchsalmler 28
Glassalmler, Rotflossen- 57
Glühlichtsalmler 38
Glühstreifentetra 40
Goldbinden-Ziersalmler 22
Goldglassalmler 53
Goldstreifen-Kopfsteher 26
Grundausstattung 64
Gymnocorymbus ternetzi 36

Hasemania nana 36
Heizmatte 71
Heizstab 70

Heizung 70
Hemigrammus bellottii 37
Hemigrammus bleheri 37
Hemigrammus erythrozonus 38
Hemigrammus ocellifer 38
Hemigrammus pulcher 39
Hemigrammus rhodostomus 39
Hemigrammus ulreyi 40
Höhlensalmler,
  Mexikanischer Blinder 33
Holz 63
Huminsäure 8
Hyphessobrycon amapaensis 40
Hyphessobrycon axelrodi 41
Hyphessobrycon bentosi 41
Hyphessobrycon cf.
  Panamensis 47
Hyphessobrycon copelandi 42
Hyphessobrycon epicharis 42
Hyphessobrycon eques 43
Hyphessobrycon erythrostigma 43
Hyphessobrycon flammeus 44
Hyphessobrycon haraldschultzi 44
Hyphessobrycon herbertaxelrodi 45
Hyphessobrycon heterorhabdus 45
Hyphessobrycon megalopterus 46
Hyphessobrycon metae 46
Hyphessobrycon pulchripinnis 47
Hyphessobrycon pyrrhonotus 48
Hyphessobrycon rosaceus 48
Hyphessobrycon roseus 49
Hyphessobrycon simulatus 49
Hyphessobrycon socolofi 50
Hyphessobrycon takasei 50

Innenfilter 68
Inpaichthys kerri 51
Intervallfilter 68

Kaffeebohnensalmler 50
Kahmhaut 66
Kaisersalmler 55
Kaisersalmler, Regenbogen- 54
Karbonathärte 73, 90
Karfunkelsalmler 39
Karpfenlachse 6

Kauf, Fische 81
Kirschflecksalmler 43
Kirschflecksalmler, Rotrücken- 48
Kirschflecksalmler, Socolofs 50
Klarwasser 10
Kleiner Rotflossen-Geradsalmler 14
Kleinschuppensalmler 51
Kohlendioxidgehalt 73
Kolumbiensalmler, Blauroter 47
Kongosalmler 7, 13
Kongosalmler, Gelber 11
Königssalmler 51
Kopfsteher, Dreipunkt- 27
Kopfsteher, Goldstreifen- 26
Kopfsteher, Prachtkopf 26
Kopfsteher, Punktierter 27
Korngröße 63
Krankheiten, Fisch 109, 111
Krankheitsdiagnose 110
Kupfersalmler 36
Kyburz´Salmler 58

Ladigesia roloffi 12
Längsband-Ziersalmler 19
Laternenträger 38
Laubensalmler, Paraguay- 30
Laubensalmler, Venezuela- 31
Lavakies 67
Lebensraum 8
Lebiasidae 6
Lebisiana astrigata 18
Lebisiana multimaculata 18
Lepidarchus adonis signifer 12
Leuchtorgane 7
Leuchtstofffröhre 68

Marilyns Ziersalmler 23
Marmorierter Beilbauchsalmler 29
Mechanische Filterung 66
Messmethoden 93
Metalldampflampe 69
Meta-Salmler, Rio 46
Mexikanischer Blinder Höhlen-
salmler 33
Mimagoniates microlepis 51
Mini-Ziersalmler 23

Mittelamerika 6
Moenkhausia colletti 52
Moenkhausia dichroura 52
Moenkhausia melogramma 53
Moenkhausia pittieri 53
Moenkhausia sanctafilomenae 54
Moenkhausia, Rotaugen- 54
Moenkhausia, Scherenschwanz- 52

Nannostomus anduzei 19
Nannostomus beckfordi 19
Nannostomus digrammus 20
Nannostomus eques 21
Nannostomus espei 21
Nannostomus harrisoni 22
Nannostomus marginatus 22
Nannostomus marilynae 23
Nannostomus minimus 23
Nannostomus nitidus 20
Nannostomus trifasciatus 24
Nannostomus unifasciatus 24
Neblina-Salmler 42
Nematobrycon lacortei 54
Nematobrycon palmeri 55
Neolebias ansorgii 15
Neon, Blauer 56
Neon, Roter 55
Neon, Schwarzer 45
Neonsalmler 56
Neontetra 56
Neuston 66
Niedervolt-Kabelheizung 71
Nitrat 66, 91, 96
Nitrit 66, 91, 96

Optische Signale 7

Panamasalmler 47
Panzerwelse 84
Paracheirodon axelrodi 55
Paracheirodon axelrodi 8
Paracheirodon innesi 56
Paracheirodon simulans 56
Paraguay-Laubensalmler 30
Perlonwatte 67
Perusalmler, Blauer 34

Petitella georgiae 57
Pfeffersalmler 34
Pflanzen 72
Pflanzenarten 75
Pflanzendüngung 74
Pflanzenfresser 6, 101
Pflanzenvermehrung 76
Phantomsalmler, Schwarzer 46
Phenacogrammus ansorgii 13
Phenacogrammus interruptus 13
pH-Wert 8, 73, 90, 95
Piranha 6
Platin-Beilbauchsalmler 30
Poecilocharax weitzmani 16
Prachtkopfsteher 26
Prachtsalmler 6, 15
Prachtsalmler, Rotflossiger 16
Prionobrama filigera 57
Pristella maxillaris 58
Pseudanos trimaculatus 27
Pseudochalceus kybuzi 58
Puffersystem 74
Punktierter Kopfsteher 27
Punktierter Zwergraubsalmler 18
Pyrrhulina spilota 25
Pyrrhulina, Dreipunkt- 25

Quarantäne 108
Quarzkies 63

Räuber 6
Regenbogen-Kaisersalmler 54
Regenbogen-Schlanksalmler 17
Rehsalmler 17
Rio Branco 8
Rio Meta-Salmler 46
Rio Negro 8
Rio Orinoco 8
Rio Tapajós 10
Rio Tocantins 10
Rio Ucayali 8
Rio Xingú 10
Rosensalmler 48, 49
Rotaugen-Moenkhausia 54
Rotaugensalmler, Arnolds 11
Roter Neon 8, 55

Roter von Kamerun 15
Roter von Rio 44
Rotflossen-Glassalmler 57
Rotflossensalmler 31
Rotflossiger Prachtsalmler 16
Rotkopfsalmler 57
Rotkopfsalmler, Blehers 37
Rotmaulsalmler 39
Rotrücken-Kirschflecksalmler 48
Rubinsalmler 32

Salmlerarten 10
Sauerstoff 88, 96
Schaumstoff 67
Scherenschwanz-Moenkhausia 52
Schlanksalmler 6
Schlanksalmler, Regenbogen- 17
Schlusslichtsalmler 38
Schmucksalmler 48
Schmuckziersalmler 20
Schrägschwimmer 59
Schrägsteher 21
Schwanzflecksalmler 32
Schwarm, 7
Schwarmfische 6
Schwarzer Flaggensalmler 45
Schwarzer Neon 45
Schwarzer Phantomsalmler 46
Schwarzschwingenbeilbauch 28
Schwarzwasser 8
Sediment 8
Segelflossensalmler 15
Sichelsalmler 41
Sierra-Leone-Zwergsalmler 12
Signale, optische 7
Signalsalmler 44
Socolofs Kirschflecksalmler 50
Spitzsalmler 16
Standort 62
Stecklinge 76
Steine 63
Sternflecksalmler 58
Stickstoffverbindungen 91
Stieglitzsalmler 58
Strömungspumpe 74
Südamerika 6

Teilwasserwechsel 106
Terrassenbau 78
Tetra, Blauer 51
Thayeria boehlkei 59
Thermometer 71
Thoracocharax securis 30
Torf 67
Transport, Fische 83
Trauermantelsalmler 36
Tyttocharax sp. 59

Umwälzung 66

Venezuela-Laubensalmler 31
Vermehrung, Pflanzen 76
Vielpunt-Zwergraubsalmler 18

Wasseraufbereitung 94
Wassergemisch 10
Wasserhärte 89, 95
Wasserqualität 8, 10, 72
Wasserwerte 92, 97
Weichwassergebiete 8
Weißwasser 8

Zebra-Geradsalmler 14
Ziersalmler, Anduzes 19
Ziersalmler, Dreibinden- 24
Ziersalmler, Einbinden- 24
Ziersalmler, Gebänderter 21
Ziersalmler, Goldbinden- 22
Ziersalmler, Längsband- 19
Ziersalmler, Marilyns 23
Ziersalmler, Mini- 23
Ziersalmler, Schmuck 20
Ziersalmler, Zweistreifen- 20
Ziersalmler, Zwerg 22
Zitronensalmler 47
Zuchtbecken 115
Zufallszucht 114
Zweistreifen-Ziersalmler 20
Zwergbuntbarsche 85
Zwergdrachenflosser 35
Zwergraubsalmler, Punktierter 18
Zwergraubsalmler, Vielpunkt- 18
Zwergziersalmler 22

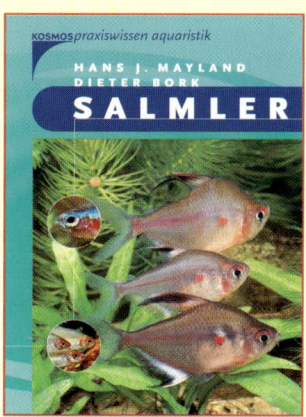

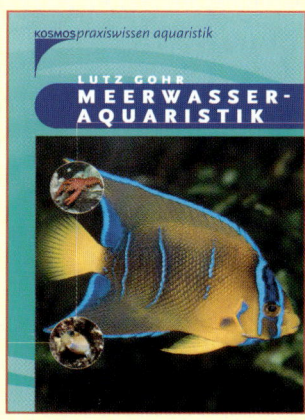